D0874958

JOURNAL
D'UNE
AMOUREUSE
ET
D'UNE
PUTAIN

BOR
DEL

CAMILLE
FORTIN

JOURNAL
D'UNE
AMOUREUSE
ET
D'UNE
PUTAIN

BOR
DEL

LES ÉDITIONS
voix para//è/es

Catalogage avant publication de Bibliothèque et
Archives nationales du Québec et Bibliothèque et Archives Canada

Fortin, Camille, 1962-
Le bordel: journal d'une amoureuse et d'une putain
ISBN 978-2-923491-13-4

1. Fortin, Camille, 1962- .
2. Prostituées - Québec (Province) - Biographies. I. Titre.

HQ149.Q8F67 2008   306.74'2092   C2008-941769-0

Directeur de l'édition
Martin Balthazar

Éditrice déléguée
Sylvie Latour

Conception de la couverture
Amen.

Conception graphique
Benoit Martin

© Les Éditions Voix parallèles
TOUS DROITS RÉSERVÉS

Dépôt légal – 4ᵉ trimestre 2008
ISBN 978-2-923491-13 – 4

Imprimé et relié au Canada

Président
André Provencher

Les Éditions Voix parallèles
7, rue Saint-Jacques
Montréal (Québec)
H2Y 1K9
514 285-4428

L'éditeur bénéficie du soutien de la Société de développement des
entreprises culturelles du Québec (SODEC) pour son programme
d'édition et pour ses activités de promotion.

L'éditeur remercie le gouvernement du Québec de l'aide financière
accordée à l'édition de cet ouvrage par l'entremise du Programme de
crédit d'impôt pour l'édition de livres, administré par la SODEC.

Nous reconnaissons l'aide financière du gouvernement du Canada par
l'entremise du Programme d'aide au développement de l'industrie de
l'édition (PADIÉ) pour nos activités d'édition.

« C'est-tu moi ou c'est les autres
qui ont rien compris ?

Accomplir, c'est dur quand
tes espoirs t'ont menti... »

À toutes ces filles
que j'ai regardées glisser dans le vide.

Pour ces sourires, ces nuits et ces draps
que nous avons partagés.

À moi-même, pour toute la salive
que j'ai dû ravaler.

Pour toute la salive
que j'ai dû perdre.

Pour toute la salive
que j'ai dû étendre.

PREMIÈRE PARTIE

Journal de Camille

TE SORTIR DE MA TÊTE. *Me délester de tout ce qui t'appartient et qui était resté emprisonné au plus profond de mon être. Te dire non une bonne fois pour toutes. Refuser les avances que les souvenirs de toi me font. Ne pas me laisser bercer par ces douces images de nous deux qui me font mourir un peu plus chaque jour depuis que nous nous sommes quittés. Accepter que nous ne serons plus jamais une entité, envers et contre tous, et que, même si l'on rassemblait tout un éventail de circonstances favorables, nos âmes seraient désunies, séparées, pour toujours. Te sortir de mon corps. Ne plus imaginer que c'est toi qui te glisses en moi chaque fois que je partage mes draps avec un autre homme (je feins l'orgasme chaque fois). Ne plus voir apparaître ton visage sous mes paupières lorsque je me touche. M'abandonner complètement à un autre homme, qui ne te ressemblera en aucun point, et ne jamais t'y comparer, ne jamais le mesurer à toi, à ce que* nous fûmes jadis. Te sortir de mon cœur. Rassembler ce qui me reste de courage et faire face à la réalité, que nous ne partageons plus avec la même passion, avec la même complicité. Brûler toutes les photos de toi que je possède, détruire toutes les vidéos ou tu apparais, fier et beau (tu es magnifique, mon amour). Jeter aux poubelles les centaines de lettres que je t'ai écrites, et tous les poèmes qui t'étaient adressés et qui ne te sont jamais parvenus. Te sortir de ma chair. Frapper à mains nues sur ton sourire qui sommeille, ancré aux tréfonds de mon cœur. Te dire adieu pour la millième fois. Te pardonner, me pardonner aussi, pour toutes les nuits que nous avons passées à nous entretuer avec des mots qu'on n'aurait même jamais dû inventer (pardonne-moi, cher trésor, je ne savais pas ce que je disais). Te quitter, à l'intérieur de moi-même, pour toujours. Me délivrer de ce qu'est devenue ma vie après ton départ. Sourire, même si ce n'est pas pour toi que je le fais. Pleurer parce que c'est nécessaire, sans penser à toi, sans penser à nous. Renaître tel un papillon qui sort enfin de son cocon maudit. Revivre et ne plus jamais penser en secret à la meilleure méthode pour me tuer, pour faire taire cet éternel râle d'agonie en moi (rien ne t'a survécu). Trouver quelque chose à faire, à aimer, puisque je n'ai jamais eu la force de me consacrer à autre chose qu'à ma propre destruction depuis *ta perte, qui fut, saches-le, l'une des plus lourdes charges que j'aie eu à porter, comme un boulet, devant les autres et devant moi-même, prisonnière de ton absence. Aimer. Quelqu'un d'autre, quelqu'un de bien, sans avoir la nausée à la seule idée que je vais finir mes jours sans toi (partout où je regarde, il n'y a que toi). Aimer. Célébrer un mariage et des naissances qui ne seront pas le fruit de tes entrailles. Aimer. Un homme qui pourrait prendre ta place, qui pourrait devenir pour moi quelque chose de beau, de concret, de durable, et dont je ne me séparerais jamais, sous aucun prétexte. Te sortir de mon ventre. Arrêter de faire semblant que tout va bien, que je suis quelqu'un de bien, que mon passé est réglé. Changer de métier (tous ces hommes qui me paient pour que je les fasse jouir ou pour que je les écoute ne t'arrivent pas à la cheville). Changer de quartier. Changer de pays. Changer de coiffure et ainsi ne ressembler en rien à celle qui figure à tes côtés sur ces photos maudites que je m'apprête à brûler (je vais tout de même conserver les négatifs précieusement, tu le sais bien). Te sortir de ma tête, avant de devenir folle. Te sortir de tout ce qui m'appartient. Faire le deuil de cet amour que je croyais indestructible. Partir au loin. Me faire lobotomiser pour ne plus jamais me souvenir de ton visage. Ne plus jamais faire semblant que je suis heureuse. Accepter ta perte. Accepter mon échec. Ne plus regarder en arrière, parce que, on ne sait jamais, tu pourrais bien t'y trouver...*

Journal de Naomie

ACCOUDÉE SUR LE COMPTOIR surchargé de la loge des employées, je regarde fixement mon reflet dans la glace. Je suis jolie. Pas la plus belle de toutes, non, mais je fais tourner bien des regards, ici comme ailleurs. Si je ne me dépêche pas, je vais être en retard à mon poste. Même manière de fonctionner que dans les clubs de danseuses nues : plus on arrive tard au club, plus on a à payer pour notre service bar. Il ne me reste plus que cinq minutes pour devenir Naomie. Elle me ressemble tellement – avec ce regard lourd, cette façon qu'elle a de marcher, de sourire large et grand, de rire plus fort que tout le monde – que cela ne devrait pas être trop compliqué. Je laisse ma longue crinière noire voguer sur mes épaules et rouler jusqu'au bas de mon dos dénudé. Je me noircis le regard, en appliquant avec soin l'ombre à paupière foncée, le crayon noir et le mascara, et me voilà prête à recueillir les billets. Je me sens en sécurité derrière ce maquillage sombre et digne des plus belles vamps. Barricadée, camouflée pour que la vraie moi ne risque pas de s'échapper au beau milieu d'un échange. J'enduis mes lèvres de gloss, un must pour celles qui, comme moi, ne peuvent pas supporter l'idée d'avoir à se remaquiller dix fois durant la soirée. Je me regarde une dernière fois, me lève pour mieux me voir, dans le miroir plein pieds. J'observe ces petites rides, minuscules, qui dansent au coin de mes yeux. Sur le visage de Camille, ces traces du temps, même si elles sont à peine visibles, dénotent de la tristesse, comme si le chagrin qu'elle porte en elle avait laissé de fines cicatrices. Mais dans le visage de Naomie, ces fines rides deviennent sexy, ajoutent une touche d'expérience au regard de fauve, suggèrent un esprit sauvage dans un corps libéré. J'éteins la sonnerie de mon cellulaire et range celui-ci dans le haut d'une de mes bottes de latex, qui me montent jusqu'à la mi-cuisse. J'empoigne mon sac à main, qui renferme tout ce dont j'aurai besoin pour travailler, et je monte l'escalier vers les chambres et le salon principal, là où des dizaines de clients chaque soir posent le pied, le corps. Je salue tout le monde, prends une serviette propre dans la pile qui menace de s'écrouler sur le comptoir principal du grand salon et me dirige vers ma chambre préférée pour y déposer mes articles personnels. La deux. Toujours la chambre numéro deux. Puisque je monte habituellement quelques minutes avant le début de mon quart de travail, je pourrais prendre n'importe quelle chambre, encore presque toutes inoccupées à cette heure. Je ne sais pas pourquoi je choisis toujours celle-là. C'est la première chambre où je me suis vendue au Bordel, le premier lit sur lequel j'ai étendu les serviettes, les premiers murs qui m'ont entendue demander l'argent avant de poser mon sac à main près du lit et de dégrafer mon soutien-gorge. Maintenant, même si les autres se pointent le bout du nez dans le grand salon avant moi, elle me laissent systématiquement prendre la deux, tout comme je cède à Alexia la trois, à Tiffany la quatre et à Kiki la cinq. Chacune pose ses effets dans sa chambre, comme si elle leur appartenait, comme si on avait réussi à apprivoiser une partie du Bordel, comme si, à l'intérieur de cette chambre-là, on en arrivait à apprécier ne serait-ce qu'un peu notre foutu boulot. Après avoir changé les draps puis noyé l'air de parfum, je me dirige vers le grand salon, où je m'installe entre deux filles, dans l'un des canapés de velours rouge qui y trône.

Vendredi soir. Sabrina arrive en retard, fidèle à son habitude, et le patron roule les yeux, en faisant semblant d'être surpris, en croyant presque ses sempiternelles excuses. Lola lance du sucre dans les airs, et un peu aussi sur chacune d'entre nous, parce que selon elle ça attire la bonne fortune. Nicky, déjà le nez dans son livre, ne remarque pas qu'une des filles est en train de lui dessiner sur le bras, jusqu'à ce que nous éclations de rire à l'unisson.

Vendredi soir. Une veille de pleine lune qui s'annonce électrique, à en juger par la tête des filles avec qui je fais équipe ce soir. Tout le monde parle en même temps, comme si nous ne nous étions pas vues depuis des siècles, alors que la veille nous étions presque toutes réunies ici même, à scruter les mêmes maudites taches sur le tapis. Vendredi soir. Des gros sous. Des gars soûls. Parce que Montréal attire des touristes par milliers, et que bon nombre d'entre eux finiront invariablement la nuit dans les bras d'une fille comme moi, d'une danseuse, d'une masseuse, d'une escorte. Une nuit qui annonce le genre de week-end que nous nous apprêtons à passer. L'adrénaline me tient debout, me pousse à garder les yeux ouverts sur un groupe de femmes qui me connaissent par cœur un peu malgré moi, m'encourage à garder les jambes ouvertes devant une cohorte d'inconnus qui ne me connaissent pas du tout mais qui me pénètrent pourtant en général moins de cinq minutes après avoir appris mon nom.

Une nuit qui ne finit plus de s'étirer, de s'allonger, une nuit où je n'en finis plus de m'étirer, de m'allonger. Faire le plus d'argent possible. Sourire toujours, large et grand, en prenant soin de garder la pose dans laquelle je suis à mon meilleur, en rentrant mon petit ventre de rien du tout et en espérant que le prochain qui posera les pieds ici me choisira, parce que n'importe quel client qui passe la porte du Bordel n'est pour moi rien de plus que de simples billets. Non pas que je les méprise tous, détrompez-vous, seulement je suis complètement désabusée, désintéressée. Ils peuvent bien être beaux à croquer, musclés juste comme je les aime, sourire de façon enjôleuse, il n'en reste pas moins que la moitié d'entre eux sont mariés, et les autres sont soit complètement défoncés, soit incroyablement tristes, ou encore ils n'ont plus rien à perdre. Il y a bien assez de moi qui n'aie plus rien à perdre.

Ça fait presque deux semaines que c'est mort. Que c'est long. Que cela n'en finit plus de ne pas être payant. Les couteaux volent bas, entre les murs du Bordel. Ces mêmes filles qui s'aimaient tant, qui s'appréciaient tellement il n'y a pas si longtemps, se font la gueule, s'obstinent pour un oui ou pour un non, se crêpent le chignon, se regardent de travers. Il n'y a rien de nouveau sous le soleil, ç'a toujours été comme ça. Tant que l'argent coule à flot, on n'a pas le temps de trouver les points faibles et les défauts de nos collègues. Mais dès que cela devient plus tranquille, on passe plus de temps les unes avec les autres, dans le grand salon, et ça devient l'enfer. Sur une dizaine d'employées, six ou sept vont travailler de soir, du jeudi au samedi. Sur ces six ou sept filles, seulement deux feront beaucoup d'argent, comparativement aux autres. Lorsque des hordes de clients se présentent, ça roule tellement qu'on ne se souvient même pas du nombre exact de clients qu'on a eus et tout le monde y trouve son compte. Il y a des dizaines de gars qui passent la porte chaque soir. Ça ne dérange plus personne qu'une fille ait été choisie par dix gars alors que les autres n'ont été emmenées que cinq ou six fois. Ça ne paraît plus, ça n'atteint plus personne. Mais lorsque le chiffre d'affaire baisse de moitié, pour une raison ou une autre, et qu'une fille les rafle presque tous, les rumeurs vont bon train...

– C'est une salope, elle l'a fait exprès, elle s'est montré la chatte pour se faire choisir... Je l'ai vu de mes yeux vu!

– Elle est dégueulasse, elle sent mauvais, mais elle leur fait des clins d'œil et ils la choisissent...

– C'est une chienne, elle les suce sans condom, alors ils le disent à leurs amis et tout le monde la choisit...

– C'est une anorexique, non mais vous avez vu comme elle est maigre? C'est à vomir!

Toutes les filles y ajoutent leur grain de sel. Toutes celles qui font moins d'argent sont déprimées. On se dit que cela ne va pas durer, que l'heure de gloire de l'élue tire à sa fin. On se console et on planifie à la blague de la pousser du haut de l'escalier. *Bitch*. Tout le monde « bitche ». Personne ne semble se rendre compte que même si l'économie du Bordel ne bat pas les records d'achalandage habituels, même si on ne parvient qu'à gagner la moitié de ce que nous gagnons en temps normal, c'est tout de même beaucoup d'argent. Énormément d'argent. Vous connaissez beaucoup de gens qui se plaignent de faire *seulement* mille dollars par semaine, somme non déclarée directement dans leurs poches, vous? Eh bien, moi, oui.

20 h 27 – Premier client : il s'appelle John, il sent mauvais. Des centaines de personnes sont toujours attablées devant leurs assiettes et lui est déjà complètement bourré. Il faut qu'il s'y reprenne par trois fois pour me dire son nom, je ne comprends rien à ce qu'il me raconte. Client facile. Il sent mauvais de partout, mais il est tellement dans les vapes que je n'aurai qu'à faire le sale boulot assise à cheval sur lui. Pas de sueur qui me coulera dans le dos, pas de kilos en trop qui m'écrasent, pas de mains enfoncées au creux des reins, comme ils en ont l'habitude, comme s'il leur fallait s'y retenir pour ne pas s'affaisser sur moi. Rien de tout ça. Une bonne vieille position de la cavalière et, en moins de quinze minutes, le tour est joué. Je peux enfin retourner au salon, en le laissant derrière moi pour qu'il se rhabille, ce qu'il fait tant bien que mal. Ça lui prend finalement plus de temps pour enfiler ses vêtements et partir que ça lui en a pris pour jouir.

21 h 32 – Deuxième client : David. Drôle de nom pour un Chinois qui ne parle pas un mot de français ni d'anglais. Il ne cesse de gigoter. Les Chinois ont cette façon bien à eux de nous toucher, de nous observer. Presque chaque fois, ils nous font étendre sur le dos, puis nous auscultent la chatte comme s'ils étaient des gynécologues, vérifient que tout est là, nous reniflent l'entrecuisse pour s'assurer que tout est propre. Je les laisse faire, je me dis que ça passe le temps : pendant qu'il fait sa minutieuse inspection, les précieuses minutes s'écoulent, et plus longtemps il restera accroupi entre mes cuisses, moins longtemps sa bite y sera enfoncée. Et règle générale, les Asiatiques n'ont pas de gros pénis. Il me faut donc tenir fermement le rebord du préservatif durant la pénétration, si je ne veux pas qu'il reste coincé. David, qu'il s'appelle, ce Chinois dont je ne connais rien et dont je n'apprendrai rien non plus, puisque les seuls mots que nous avons échangés concernaient, au tout début, le paiement, et à la toute fin, l'emplacement des toilettes.

23h25 – Je dois abandonner mon repas sur le comptoir de la loge sans l'avoir fini, puisque Julie crie mon nom. Je monte l'escalier en courant, croyant à tort qu'on me demande au téléphone. J'ai encore ma fourchette à la main lorsque j'arrive devant mon client, qui me demande si je suis occupée. Je ne peux lui répondre que oui, justement, je m'apprêtais à prendre une deuxième bouchée de mon repas. Ici, au Bordel, on ne sait jamais si la nuit sera bonne, si on fera de l'argent ou non, alors on ne peut pas se permettre d'en laisser passer. Je lui donne ce qu'il était venu chercher et lorsque nous avons terminé, en route vers le grand salon, il me souhaite tout bonnement bon appétit. Je suis stupéfaite de constater que non seulement il m'a choisie même s'il savait que j'étais au milieu d'un repas, mais qu'en plus il ne m'a pas adressé d'excuses. Pauvre con! La prochaine fois, ce ne sont pas mes pâtes qui m'attendront sur le comptoir, mais bien toi, dans la chambre.

12 h 26 – On commence une partie de poker, entre filles. Les clients nous boudent, je crois, ou alors ils entreront tous en même temps, à trois heures et quart du matin, et se plaindront qu'il n'y a pas assez de filles disponibles. On joue pour le plaisir : le patron a toujours peur qu'on se mette à parier et que les flics débarquent. S'il fallait qu'ils se pointent, tout bonnement, pour un tour de routine, et qu'ils voient des billets sur une table pleine de cartes, ils nous emmerderaient et gâcheraient notre soirée, selon lui... Alors on ne joue que pour passer le temps. On doit expliquer le jeu presque toutes les semaines, comme Lili ne se souvient jamais des règles et que la plupart des nouvelles ne savent pas jouer. Ce que le patron ne sait pas, c'est que nous parions même si nous n'en avons pas le droit... Si nous avons le temps de terminer une partie, la troisième récolte vingt dollars, la deuxième quarante et la première soixante, que nous déposons sur le comptoir de la loge subtilement, dès que nous en avons la chance.

1h40 – Je ne trouve plus mon paquet de cigarettes, je crois que mon dernier client me l'a piqué!

3h12 – J'ai mal aux pieds. J'ai fait beaucoup d'argent. Je ne retiens plus le nom de personne. Cette soirée qui s'annonçait monotone est devenue une course à relais dès que l'horloge a sonné les deux heures du matin. Des cohortes d'inconnus sont venus souiller les draps des six chambres. On a dû les servir vite, le plus vite possible, sans toutefois avoir l'air de les brusquer. Il a fallu prendre les devants, avoir l'air de chattes en chaleur, leur sauter dessus, peu importe leur apparence, peu importe le fait qu'ils étaient soûls, impolis, malpropres, vieux... Les aider à se dévêtir, les pousser vers le lit sans prendre le temps d'enlever nos bottes, nos souliers. Faire glisser nos sous-vêtements à nos pieds, les exciter, les prendre en nous, les faire jouir le plus rapidement possible afin de retourner au grand salon, de nous faire choisir, de nous faire enfiler encore en vitesse... Comme une grande roue qui n'en finit plus de tourner, jusqu'à cinq heures...

5 h 31 – Je suis épuisée, je veux dormir. J'appelle un taxi et je m'y engouffre. J'ai mal au ventre. J'ai mal au corps.

Toujours la même routine, les mêmes gestes précis, anodins, qui pourtant m'apportent tant de satisfaction et me sont chers, sans que je ne sache vraiment pourquoi. Offrir un pourboire généreux au chauffeur de taxi. Monter les escaliers lentement, faire jouer la clé dans la serrure, ouvrir la porte sur mon appartement décoré avec soin... Je dépose mon sac de sport dans le garde-robe de l'entrée, je caresse mes chats en prenant soin d'accorder autant d'attention à l'un qu'à l'autre. J'allume la télévision, j'écoute les résultats sportifs. Je me dirige vers ma chambre, me dévêtis, dépose mes vêtements dans le bac à lessive et fais couler l'eau de la douche. Je me démaquille. Je me lave les cheveux. Deux fois. Je me frotte frénétiquement. Chaque centimètre de ma peau a été souillé. Il faut rincer, laver encore, puis rincer de nouveau. Enlever toute trace de ces hommes venus de partout, de nulle part. Ne pas leur laisser de place sur mon corps. Je coupe l'eau chaude et je reste plantée là, bien droite, une minute ou deux. Je suis complètement gelée, mais j'ai l'impression que, quand je fais cela, les pores de ma peau se resserrent et emprisonnent sous l'épiderme le savon avec lequel je viens tout juste de me noyer. En sortant de la baignoire, je m'enroule dans la ratine de ma serviette, enfile un pyjama de coton et me laisse choir sous les couvertures. Je ne ferme jamais les rideaux. Je dors mieux avec le soleil sur le nez. Je dors avec mon cellulaire collé sur ma poitrine en espérant. En remerciant le ciel de m'avoir épargnée une fois de plus cette nuit, de m'avoir permis de faire beaucoup d'argent et de me rapprocher de mon but. En maudissant la vie de m'avoir faite femme.

Chaque soir, c'est pareil. Chaque jour, la même chose, la même routine presque obsessive à laquelle je tiens mordicus. Et chaque soir, je m'endors avec l'impression que le bonheur est là qui me tend la main, et que je suis la seule à ne pas le voir. À ne pas savoir lui tendre la main en retour.

Journal de **Camille**

J'AI ENCORE RÊVÉ DE TOI CE SOIR. *Encore revu dans ma tête cette saleté de sourire qui te scie le visage en deux, qui a fait chavirer mon cœur de jeune fille et toute ma vie. C'est si commun, me diras-tu, si futile comme rêve, que même toi, tu aurais très bien pu le faire. Je n'y peux rien, mes rêves sont teintés de rose, les images de toi qui courent dans ma tête se ressemblent toutes et sont si parfaites, si douces... Tu vis dans mon inconscient, j'en ai bien peur, et je ne sais comment t'en chasser une bonne fois pour toutes.*

Ce n'est pas faute d'avoir cherché à le faire, rassure-toi. Je suis même partie loin, très loin, quelques mois, avec l'espoir accroché à mes sandales, à mon sac à dos. Avec l'espoir que ce voyage dans lequel je m'étais lancée tête première, sans toi, pourrait t'effacer à tout jamais. Que je pourrais t'abandonner là-bas, quelque part au fond de l'Argentine, au pied d'un temple maya, à l'autre bout du continent. Mais je suis revenue hantée par le même amour, poursuivie par ton fantôme, par ce que tu as laissé en moi. Même si j'ai essayé très fort, je n'ai pas su te faire sortir de mon être. Chaque soir, je deviens une autre femme, qui t'aurait peut-être plue davantage que la vraie moi, qui aurait peut-être pu satisfaire tes mille et un caprices d'homme. Chaque soir, j'ai peur que tu passes la grande porte d'entrée qui mène au salon des filles de petite vertu mais au grand cœur. Chaque matin, je rentre chez moi et je m'endors avec mon cellulaire collé sur moi, à l'endroit exact où était mon cœur avant que tu ne t'en empares et que tu te sauves avec lui. Chaque matin, je m'endors en me demandant comment tu vas, ce que tu deviens et si oui ou non tu vas finir par me téléphoner.

Tu te doutes bien que c'est moi qui téléphone chez toi au beau milieu de la nuit, chaque mois, et qui ne dis rien. Je sais que tu sais que c'est moi. Je me demande pourquoi tu ne raccroches pas aussitôt. Pourquoi tu écoutes le son de ma respiration. Pourquoi tu me laisses entendre ta tienne. Pourquoi ne raccroches-tu pas ? Je me demande si elle est couchée près de toi lorsque le téléphone sonne, ou bien si tu te rends à la cuisine pour être seul, parce que tu sais que c'est moi qui appelle et que tu as besoin de m'entendre respirer pour rester vivant, toi aussi.

Et, je suis certaine que tu l'as entendu entre les branches : je suis presque tombée amoureuse de quelqu'un d'autre, une fois. Pas comme je l'ai été de toi, bien sûr que non, mon amour, mais je l'ai beaucoup aimé tout de même. Mais il a fini par partir, lui aussi. Peut-être a-t-il senti que mon cœur n'était pas complètement tourné vers lui ? Peut-être a-t-il remarqué que je fermais les yeux lorsqu'il me faisait l'amour ? Peut-être a-t-il vu ton portrait se dessiner sous mes paupières lorsque je fermais les yeux pour lui dire que je l'aimais ?

Toujours est-il que j'ai rêvé de toi cette nuit. J'ai rêvé que je courais vers toi. C'était presque la réalité, puisque c'est vraiment ce que je fais, courir vers toi, éveillée ou pas, depuis les années. Je suis fatiguée de courir à en perdre le souffle, à en perdre la raison. Ne te sauve plus. C'est moi qui ai besoin d'être sauvée.

Journal de Naomie

MARDI MATIN. Rendez-vous chez le psy, comme à chaque semaine, depuis déjà quelques mois. Idée de mon patron chéri, approuvée par ma meilleure amie puis par moi-même. Ici, assise dans le fauteuil en cuir brun du Dr. Bernard, je peux, durant une heure tous les sept jours, mélanger Camille et Naomie, conjuguer ma vie au passé et au présent sans presque jamais me faire interrompre, si ce n'est pour me faire tendre une boîte de mouchoirs. Ici, je fais le vide, je fais le plein. Chaque séance est inestimable. Peu de prostituées peuvent bénéficier de ce genre de répit. Mon patron couvre complètement les frais de ces brèves rencontres. À ma connaissance, aucun patron de ce genre d'entreprise n'a fait preuve d'autant de compassion, voire d'audace. L'idée a été lancée une nuit, tout bonnement, durant une partie de poker. Sans mettre de gants blancs, mais tout en restant respectueux, il nous a fait savoir que, selon lui, cela nous ferait le plus grand bien de parler de notre situation à quelqu'un d'autre que nos collègues, mais aussi que cela pourrait nous mener à autre chose: de nouvelles perspectives, de nouveaux choix et, qui sait, un changement de carrière définitif. L'idée a été accueillie d'emblée et, la semaine suivante, je posais mon cul sur le divan de cuir.

Comme le psychologue est une connaissance de mon patron, je n'ai pas à lui fournir mon vrai nom, ni quelque pièce d'identité que se soit. Il m'appelle Naomie, sachant très bien qu'il ne s'agit pas de la vraie moi, mais bien de la putain.

C'est là, dans son bureau, que j'ai compris pourquoi je suis une prostituée, pourquoi Camille a créé Naomie. Pourquoi je me glisse dans la peau d'une autre, dans la peau d'une femme que je mépriserais sans doute si je la croisais dans la rue. C'est ici que j'ai appris qu'il me fallait faire le deuil de toutes ces amours passées qui planent sur moi comme l'ombre d'une mort que j'ai tant désirée. De l'amour fort et vrai de mon père, de mes frères, de mon grand-père adoré, de mes amis, et surtout, de cet amour, ce grand amour, cet inguérissable amour.

Je n'ai pas été battue, je n'ai pas été agressée sexuellement durant mon enfance. En fait, les astres étaient parfaitement alignés à ma naissance et le sont restés tout au long de mon adolescence. Ce n'est ni la drogue, ni l'alcool, ni un proxénète quelconque qui m'a poussée à vendre mon corps. J'étais triste. Un point c'est tout. C'est ma tristesse qui m'a poussée à « sniffer » de la *coke* à quatorze ans. À me noyer dans l'alcool durant des années. À voyager à travers l'Amérique centrale et l'Amérique du Sud. À baiser sans protection avec de parfaits inconnus, dans le but de tomber enceinte et de mettre fin à cette solitude qui me rongeait. Je suis une enfant triste. Je voulais un homme dans ma vie à n'importe quel prix. Maintenant, des dizaines se succèdent dans mon lit, pour un prix fixé d'avance.

Camille n'a pas tout saisi du pourquoi ni du comment de ces rencontres hebdomadaires. Naomie, quant à elle, a écouté avec la plus grande attention. Au début je croyais que Camille avait créé Naomie pour se sauver. Maintenant, je sais bien que c'est le contraire, que ça l'a toujours été. Qu'en devenant un être désirable, un objet de fantasme, cinq soirs par semaine, Camille allait peut-être pouvoir tout oublier, tout mélanger, fusionner avec Naomie, partager des traits de sa personnalité, accumuler d'autres souvenirs que ceux de son amour perdu qui planent partout en elle. Naomie existe bel et bien, et c'est par elle que passera mon salut, celui de Camille...

[FLASHBACK]

J'ai quatorze ans. Je fréquente une école dont la réputation est sans tache. Ma mère a vendu sa voiture pour se permettre de m'envoyer au collège privé. Je suis en secondaire deux. Depuis la fin de la première année de mon secondaire, j'ai beaucoup changé. J'ai coupé mes longs cheveux pour qu'ils flottent au-dessus de mes épaules et je les ai teints en blond platine, comme Marilyn Monroe, parce que les garçons me trouveraient beaucoup plus belle ainsi. J'ai toujours été une des leurs, celle à qui ils confiaient tout, racontaient leurs chagrins et demandaient conseil pour conquérir telle ou telle fille. Mais depuis que je suis blonde, depuis que le beau Philippe m'a sifflée dans le corridor de l'école, depuis que j'ai compris comment les regarder, comment battre des cils juste ce qu'il faut, tout a changé. Je pense souvent aux garçons, comme toutes les filles de mon âge. Mais je pense aussi aux filles quelquefois. Je sais bien que je suis différente des autres. Je sors du lot. Je suis très jolie, je fais des jaloux avec mes résultats scolaires au-dessus de la moyenne. Je regarde Philippe dès qu'il a le dos tourné. Je fais de l'œil à mes professeurs même si ce n'est pas nécessaire pour qu'ils me remarquent. Je ne suis pas la salope de l'école. C'est une dénommée Virginie qui a ce statut... Je la reverrai d'ailleurs des années plus tard, dans un bar de danseuses miteux de la rive nord. Elle couche avec tous les garçons qu'elle rencontre, elle est même soupçonnée de s'être fait avorter l'année dernière, à treize ans... Vous vous rendez compte? Non, je ne suis pas une salope. Je suis simplement aguichante. Je brûle d'envie d'avoir un copain, un gars qui me dirait que je suis belle, qu'il m'aime, qui m'écrirait des billets doux. Un gars qui pourrait m'aimer malgré ces cicatrices qui maculent mon corps, parce que j'ai trop voulu jouer comme les garçons et me suis déchiré la peau si souvent que je ne pourrais compter les fois. Malgré ma mère qui n'a pas de voiture. Malgré le fait que je carbure de plus en plus à la cocaïne. Un gars pour moi toute seule. Qui ne me quitterait jamais plus.

J'ai eu des relations sexuelles une fois seulement. Ça m'a fait terriblement mal. Alors je n'ai pas osé répéter l'expérience. Pourtant, malgré mon jeune âge, j'ai eu quelques copains avec qui j'ai partagé beaucoup plus d'intimité que la norme ne le permet. Je ne sais pas pourquoi les gars m'attirent autant. Philippe et moi, on a fini par sortir ensemble vers la fin de l'année scolaire. Ç'a duré un mois à peine... Puis il y a eu Félix, Martin, Alexis, David et Sébastien. Je n'ai eu de relations sexuelles complètes avec aucun d'entre eux. La plupart m'ont d'ailleurs laissé tomber parce que je ne voulais pas. Je ne me sentais pas prête à tout donner, surtout pas après seulement deux semaines de fréquentation... Je trouvais cela terrible de perdre ces garçons si vite seulement parce que je ne voulais pas baiser avec eux. Alors je suis devenue une agace. Ma réputation a fini par me précéder, et elle est devenue une blague entre mes amis et moi. Je croyais qu'il n'y avait rien de mal à refuser de faire l'amour : je n'étais tout simplement pas prête. Je trouvais même cela très beau de vouloir attendre jusqu'à en avoir vraiment envie, jusqu'à être certaine de ce que je voulais. Mais le monde ne l'entendait pas comme cela. Alors, un peu malgré moi, et probablement aussi parce que toutes mes amies l'avaient fait, j'ai eu des relations sexuelles. Il s'appelait Brian, je ne l'aimais pas vraiment. Je voulais surtout que les rumeurs à mon sujet cessent, et puis j'étais terriblement curieuse de savoir ce que cela pouvait faire d'avoir un orgasme. Ma première expérience avait été désastreuse et je ne savais pas ce que c'était que de jouir grâce à la complicité avec un garçon. Ça m'a pris quelque temps avant que je n'aime réellement cela. J'ai collectionné les partenaires durant toute une année scolaire. Toujours des garçons plus vieux que moi, toujours des gars avec qui je consommais de la drogue. J'ai même fait mon premier *trip* d'héroïne avec un gars qui a été mon amant durant quelques semaines.

J'ai lâché l'école à seize ans. Le directeur m'a convoquée dans son bureau pour m'encourager à terminer mon année scolaire. Mais j'ai signé mes papiers de départ le jour de mon anniversaire, le neuf mai. Un mois et demi avant la fin de l'année. C'était complètement insensé, ridicule même, mais je n'en pouvais simplement plus. Je m'ennuyais, sur les bancs d'école. Tous mes amis habitaient Montréal, et moi, je demeurais sur la rive sud. Je passais le plus clair de mon temps dans la grande ville, à fumer de l'herbe, à me soûler et à prendre de la cocaïne. Je n'en pouvais plus de me lever le matin pour aller à l'école. Ma mère n'avait rien vu venir... Elle a eu beau crier à en perdre la voix, ma décision était prise. Je ne voulais pas y retourner.

C'est là que le dilemme s'est présenté...

« Sois tu retournes à l'école, soit tu te trouves un travail à temps plein. » Telles étaient les conditions posées par mes parents. Je me suis trouvé un emploi dans un magasin d'articles à un dollar. Démissionné au bout d'un mois. La Ronde : j'y suis restée moins de cinq jours. Restaurant Valentine : j'ai arrêté de me présenter au travail au bout de trois malheureuses semaines. Ma mère paniquait. Moi, je regardais les petites annonces dans la section Recrutement du *Journal de Montréal*. Durant l'été, j'avais vu un reportage à la télévision sur la prostitution et ç'avait piqué ma curiosité, ç'avait déclanché un désir en moi, comme si j'avais enfin trouvé un monde à découvrir, quelque chose à essayer, quelque chose qui demande beaucoup de *guts*. Je me souviens que l'escorte interviewée racontait qu'elle gagnait environ huit mille dollars par semaine en couchant avec des clients par le biais d'une agence. Ça ma tout de suite allumée. Même si j'ai appris – à mes dépens et beaucoup plus tard – que pour faire une pareille somme, il faut travailler dix-huit heures par jour, sept jours semaine, faire des fellations sans utiliser de condom, embrasser sur la bouche, etc. Et encore...

J'allais célébrer mes dix-sept ans deux mois plus tard lorsque je me suis lancée. J'ai téléphoné à beaucoup d'endroits, je me suis même présentée à un rendez-vous avec le propriétaire d'une agence, mais on me demandait toujours mes pièces d'identité. L'homme que j'avais rencontré lors d'un entretien a pourtant appelé chez moi, quelques jours plus tard, au beau milieu de la nuit. Après avoir juré à ma mère que cela n'arriverait plus jamais (chez moi, le téléphone devenait complètement illégal après vingt-deux heures), j'ai pris le combiné pour savoir ce que l'homme en question avait à me proposer...

« Écoute, la petite, si t'as pas tes cartes, c'est correct... Moi, je peux pas te faire travailler, c'est trop dangereux, mais il y a un bar que je connais bien où ils te demanderont pas tes papiers... Ça te tente-tu encore de faire du gros *cash* ? »

J'en avais le souffle coupé, je ne savais pas trop quoi lui répondre, alors j'ai dit oui. J'allais commencer à travailler le lendemain, dans un bar de danseuses près de Saint-Jean-sur-le-Richelieu. Je n'avais évidemment pas de souliers de danseuse ni de lingerie affriolante, mais l'homme m'a dit que tout était beau, que je n'avais pas à m'inquiéter de cela, que quelqu'un allait prendre soin de me trouver quelque chose d'autre que mes vieux jeans et mon chandail de Nirvana à me mettre sur le dos.

J'ai commencé à travailler comme danseuse nue, dans un club où les filles font des fellations et des « services complets » dans les isoloirs, le 30 mars 1999. Ce soir-là, je suis revenue chez moi avec 960 $ dans les poches. Ce soir-là, j'ai couché avec quatre hommes et j'en ai sucé trois, tous plus âgés que mon père à l'époque. Ce soir-là, j'avais seize ans.

****

Mon psy la connaît par cœur, ma petite histoire. Il m'a même rassurée, toutes les adolescentes pensent aux garçons, et même aux filles parfois. Il n'y a rien d'anormal là-dedans. Ce qui n'est pas normal, par contre, c'est de ne jamais s'arrêter, de ne jamais savoir où et quand mettre les freins, quand s'imposer des limites à soi-même. Je n'ai pas de limites. Je vends mon cul. Je vends des rêves. Je tombe sous le charme quelques fois par semaine, parce qu'un client me plaît et que je me laisse aller un tout petit peu. Mais je ne jouis pas. Enfin, pas tout à fait. Ça m'arrive de penser à autre chose qu'à ce qui est en train de se passer, de me laisser bercer par la peau douce des mains de mon client sur mes seins en pensant à quelqu'un d'autre. Ça m'arrive de me laisser aller, mais pas de jouir pour vrai, avec tout ce que cela comporte. Jouir avec plus que mon corps, jouir avec ma tête, avec mon âme, jouir de partout jusqu'à en pleurer tellement c'est bon, jamais.

Moi aussi, je la connais par cœur, ma petite histoire. Je ne la regrette pas. Je ne me trouve pas dégueulasse ; enfin, pas toujours. Maintenant, je travaille avec mon corps, avec mon regard, sans jamais y mettre une goutte de sentiment. Sans jamais mélanger amour et travail et en prenant bien soin d'enfermer Camille pour ne pas qu'elle s'échappe. Elle traîne avec elle tous ses fantômes, ses amours passées, ses voyages aux confins du globe et, surtout, elle traîne comme un boulet cette conscience qui fait d'elle quelqu'un de bien. Quelqu'un de sensible surtout.

Moi, Naomie, je prends vie derrière le maquillage qui lui barbouille le visage. Je m'enracine dans des bottes de pute, dans une manière de garder la pose, fière, droite, l'air d'être prête à sacrifier le premier venu. Je veille sur nos intérêts communs, je prends à ma charge les revenus du ménage. C'est que Camille a de grands rêves, de grands projets, et elle ne peut malheureusement pas les réaliser sans mon aide. Elle rêve de musique, de studios, de New York, d'Europe, d'une grande maison à la campagne, de galeries d'art, de matchs de hockey au centre Bell dans les gradins rouges. Elle rêve de devenir quelqu'un, alors elle a créé quelqu'un d'autre qui a le courage de l'emmener loin de tout ça. Loin de la nuit dans laquelle nous nous enlisons jour après jour, quelque part perdues dans un Bordel en plein centre-ville. Elle a des rêves, certes, mais aussi beaucoup d'ambition, beaucoup de courage, parce qu'elle planque notre argent, jour après jour, et calcule nos avoirs méticuleusement, en rêvant du moment où elle pourra enfin dire au revoir à ces autres filles, qui resteront derrière elle et qui prendront sa place. Des filles de toutes les nationalités, de tous les âges, de toutes les tailles. Des filles qui à leur tour prendront racine au Bordel, sans vraiment savoir comment elles ont fait pour en arriver là, qui s'engourdiront les muscles, assises sur les canapés, en attendant d'être choisies, d'être emmenées dans ces chambres où elles feront cet argent dont elle ne sauront bientôt plus quoi faire tant elles en auront, mais qui ne pourront plus s'en passer.

Journal de Camille

COMBIEN DE TEMPS, MON AMOUR? *Combien de nuits me séparent de mon but? Combien d'hommes vont encore venir se blottir contre moi et me payer pour mes services? J'ai amassé beaucoup d'argent, me crois-tu? Moi qui ai toujours été portée à la dépense, me voilà maintenant reine du budget! Me voilà qui compte et recompte l'agent que j'ai, que je cache. Me voilà qui crois dur comme fer que je peux y arriver. Mais vais-je faner avant? Combien de temps puis-je tenir avant d'en avoir assez de tous les pénis dressés bien haut de ces hommes sans amour, sans attachement, sans rien d'autre que des billets que j'entasse, que je compte, que je ramasse, que je cache? Combien de fois aurais-je dit non à l'amour, d'ici là? Combien de temps avant que je t'oublie? Avant que j'oublie que c'est moi qui ai, un beau jour, créé Naomie? Combien d'hommes ai-je baisés? Je croyais le savoir, mais les billets se comptent mieux que les clients. Je croyais pouvoir oublier que je suis* devenue une prostituée, et que c'est exactement pour cela que je t'ai perdu, mais je n'y arrive pas. Je croyais pouvoir me donner sans être obsédée par le passé, pourtant c'est impossible, et je me prends souvent à souhaiter de tout abandonner. Mais je suis si près du but! Je vois la fin de toute cette mascarade approcher et tu sais quoi, mon bel amour déchu? Je ne sais pas si j'y parviendrai. J'ai tellement mûri depuis que je vends mes services à des inconnus, j'ai tellement appris à me connaître, à regarder les gens avec des sentiments différents de l'amertume ou de la colère, que j'en suis venue à les aimer. J'en suis venue à m'aimer un peu plus, aussi. J'arrive à me comparer à eux, à nous trouver des similitudes, à leur pardonner, un peu comme je me pardonne à moi-même, mi-dégoûtée d'en être capable, mi-rassurée de voir que je ne suis pas seule.

C'est comme si le seul fait de connaître la disgrâce des hommes me rapprochait d'eux, me poussait à vouloir les comprendre, dans toute leur laideur comme dans toute leur beauté. Mais qu'est-ce que cela me coûtera? Quel prix me faudra-t-il payer pour avoir osé percer, ne serait-ce qu'un peu, le secret des humains et de tous les vices qui en font des êtres vulnérables dont la passion s'éteint invariablement lorsqu'ils atteignent l'âge adulte... L'âge adultère?

Combien de fois encore devrais-je m'étendre sur le dos et sentir le membre en érection de ces hommes me pénétrer, parfois avec fougue, parfois si doucement que je ne sens rien du tout? Combien de fois vais-je fixer les tuiles au plafond en émettant des bruits qui ne font que ressembler au plaisir que je devrais pourtant éprouver, mais que je ne ressens pas du tout? Combien de ces tuiles? Combien de ces clients? Combien d'orgasmes vais-je feindre en espérant qu'ils n'y voient que du feu, ou mieux, qu'ils me laissent un pourboire? Combien de temps avant que je puisse enfin m'effacer et combien de séances chez le psy pour me remettre de tout ça? Vais-je seulement m'en remettre? Le jour où je vais tout laisser derrière moi, est-ce que Naomie va me suivre? Et que vais-je faire si elle me retrouve, peu importe où je suis, dès que l'occasion se présentera?

Combien de temps me faudra-t-il pour t'oublier, cher trésor? Combien de nuits vais-je passer à rêver de toi encore et encore? Comment vais-je faire pour poursuivre ma vie sans toi? Est-ce qu'il me faudra avouer à l'homme qui te remplacera tout ce dont je suis capable? Est-ce qu'il me faudra lui dire que des hommes par centaines ont posé les doigts exactement là où il posera les siens?

Et si je n'en avais pas été capable? Si je n'avais pas eu cette force tranquille à l'intérieur de moi prête à exploser à chaque instant, cet ennui infatigable, qui m'a poussée à faire autre chose, à essayer n'importe quoi de nouveau? Si je n'avais pas eu Naomie en moi, en aurait-il été autrement de nous deux? M'aimerais-tu toujours si je n'étais pas devenue une pute? Si je n'avais pas ouvert une porte sur un monde à part, et laissé entrer cette cohorte d'inconnus qui sont venus me souiller? Et toi, t'aimerais-je toujours si je n'étais pas devenue Naomie? T'aimerais-je toujours si tu ne m'avais pas quittée, il y a de cela quatre ans? T'aimerais-je toujours?

Combien d'hommes encore, mon amour, avant que je puisse trouver enfin mon paradis terrestre?

Combien d'hommes encore, mon amour, avant que je puisse refermer derrière moi la porte du Bordel, et ne plus y revenir?

Journal de Naomie

JE SUIS ASSISE SUR UN DES SIÈGES inconfortables qui se trouvent à la clinique L'Alternative, rue Saint-Hubert, quelque part au milieu des *crack-houses* du Centre Sud, à demi éveillée. J'essaie de me concentrer sur l'article du *Reader's digest* que je suis en train de lire, de ne pas fermer les yeux, sinon je sais que je vais m'endormir. Nous sommes vendredi matin, j'ai fini de travailler à cinq heures, comme d'habitude, il est maintenant neuf heures trente et je n'ai toujours pas dormi. Je suis fatiguée d'attendre mon tour. Chaque fois que le docteur apparaît au haut de l'escalier, je prie le bon Dieu pour qu'il dise mon nom. Chaque fois, il repart avec d'autres dossiers sans m'avoir appelée. Ça va, ce n'est ni la première, ni la dernière fois que j'attends ainsi, après mon quart de travail. C'est la routine. Je dois passer les tests de dépistage de maladies et infections transmissibles sexuellement si je veux conserver mon emploi au Bordel. De toutes les agences d'escortes, c'est malheureusement une des seules, si ce n'est *la* seule, qui oblige les filles à passer des tests pour pouvoir être embauchées, puis, tous les trois mois. Beaucoup de travailleuses du sexe s'objectent à cette règle, crient au scandale, à la discrimination pour les femmes qui ont été infectées malgré les précautions qu'elles prennent. Moi, je trouve ça bien, je trouve que c'est logique. Pas que celles qui sont atteintes de l'hépatite ou du sida ne devraient pas travailler... Non. Mais il me semble qu'il faut respecter le client. Dans un monde parfait, les clients aussi se feraient examiner... Ils ne recevraient jamais de fellation sans condom et tout le monde vivrait heureux. Mais, vous vous en êtes sûrement aperçu, nous ne vivons pas dans un monde parfait.

Alors j'attends patiemment que ce soit mon tour. J'ai peine à croire que ça fait déjà trois mois que j'ai passé mes tests. Trois mois durant lesquels je n'ai pourtant rien fait d'excitant ; je n'ai pas rencontré Dieu, je n'ai même pas changé la couleur de mes cheveux ni ne me suis-je abonnée au *Journal de Montréal*. Mais je suis une pute cinq jours par semaine, huit ou neuf heures par jour. Ça m'inquiète toujours un petit peu de passer ces examens. Deux semaines vont s'écouler entre le moment où je vais entrer dans le petit bureau impersonnel du médecin et celui où je vais y retourner pour apprendre les résultats.

Voilà, c'est mon tour. Je suis stressée, je déteste les aiguilles.

Une fois dans le bureau du docteur, toujours les mêmes questions, la routine, quoi. Les mêmes couleurs sur les murs, la même maudite chaise en bois qui fait mal aux fesses.

– Avez-vous eu des relations sexuelles non protégées récemment?

– Non, mais je couche avec des dizaines d'hommes par semaine, est-ce assez pour faire de moi une patiente à risques, monsieur le docteur?

– Prenez vous des drogues dures?

– Non, promis, juré, je suis sobre depuis que j'ai dix-sept ans, monsieur le docteur.

– Avez-vous un partenaire régulier?

– Non, monsieur, parlez-en à Camille, c'est elle qui s'acharne à se fermer le cœur à cause de son ex…

– Prenez-vous la pilule, mademoiselle?

– Oui oui, je ne suis quand même pas folle, monsieur.

– Êtes-vous vaccinée contre les hépatites?

– Vous ne pourriez pas simplement lire mon dossier, monsieur? Cela nous éviterait à tous deux une conversation sans intérêt, et je pourrais enfin m'étendre sur votre belle table d'examen pour que vous satisfassiez mon envie irrépressible de me faire enfouir un spéculum de métal froid dans les parties les plus intimes de mon corps... Chaque fois que je viens ici, vous me faites un bien fou! Merci, merci beaucoup de vous intéresser à moi comme vous le faites, et de ne pas me traiter comme une simple cliente.

Je déteste aller à la clinique, je me sens comme une chienne. Je sens que je ne maîtrise pas du tout la situation. Je me sens comme une cliente. Je déteste aller à la clinique...

Le médecin a dû s'y reprendre à deux fois pour me piquer. Deux fois sur chaque bras. J'ai l'air d'une *junkie* avec mes bleus. Surtout avec mes tatouages du coude à l'épaule et mon *look* rebelle, même un enfant de cinq ans penserait que je me pique chaque jour. J'en ai pour quelques jours à me faire regarder de travers, à expliquer que non, je ne suis pas une droguée mais bien une jeune fille responsable qui passe ses tests de dépistage fréquemment. Personne ne me croira. J'en ai rien à foutre. Je me planque les bras derrière le dos lorsque vient le temps de la présentation et je choisis la chambre la plus sombre pour y emmener les clients. Maudite clinique, maudits médecins! Maudites maladies à la con qui nous obligent à vivre et à travailler dans la peur d'attraper un sale truc et à nous faire meurtrir l'épiderme par des brutes de docteurs! Maudits clients qui continuent d'insister pour se faire sucer sans condom! Ne connaissent-ils donc pas les risques? Ne lisent-ils donc pas les journaux? Bandes d'inconscients! Vingt dollars! Ils nous offrent habituellement un pourboire de vingt dollars pour que nous leur fassions une fellation sans condom, et vingt autres dollars pour pouvoir éjaculer dans notre bouche. Vingt dollars pour que nous placions leurs verges bandées et la plupart du temps pas très propres au fond de nos gorges. Comme s'il n'y avait aucun risque. Comme si la syphilis grimpante, la chlamydia buccale et l'herpès étaient tous le fruit de notre imagination. Ils appellent cela des « restrictions », dans le merveilleux monde du sexe tarifé. Restrictions mon cul! Il y a beaucoup, d'agences qui ne vous embauchent pas si vous en avez, des restrictions. Ils veulent des filles qui offrent la « GFE » (*girlfriend expérience*). Ces filles-là embrassent leur client sur la bouche, avec la langue bien sûr, les sucent sans condom, se laisse manger par pas mal n'importe qui et, souvent, elles le font sans augmenter les tarifs. C'est ridicule. C'est pathétique. C'est tout à fait irresponsable. Et le pire dans tout cela, c'est que, durant les périodes où mes bras sont bleus à cause de mes tests de dépistage, je me fais demander beaucoup plus souvent par les clients de les sucer sans condom. Comme s'ils établissaient un lien entre *droguée* et *inconsciente*... Et puis je leur explique que je me soumets à des tests chaque trois mois et que c'est l'unique raison pour laquelle je me balade avec des bleus sur les avant-bras. Dégueulasse! Sacrée belle vie! Parfois, j'envie Camille d'être sur son petit nuage, de croire en l'amour, de croire en la vie, de croire que les gens sont beaux en dedans, qu'ils ne recherchent qu'amour, attention, caresses. Si je pouvais seulement fermer les yeux sur leurs vices. Je l'envie d'avoir besoin d'être aimée et d'aimer en retour. Je l'envie de pouvoir s'émoustiller devant les familles, les poussettes, les bedaines rondes, les sourires heureux, les mariages en blanc, alors que, moi, je m'achète des tonnes de maquillage, je m'inquiète de ma ligne et je fais la belle pour quelques billets. Ça lui arrive sûrement aussi d'avoir envie d'être moi. Chaque fois que Camille rencontre quelqu'un qui lui plaît, je suis l'assurance qui lui manque. Chaque fois qu'elle veut qu'un homme la touche, et que les mots justes refusent de sortir de sa bouche à cause de sa nervosité, je suis la sensualité qui lui manque. Ça lui arrive aussi d'avoir envie d'être moi, j'imagine, et c'est pour cela qu'elle m'a sortie du garde-robe et qu'elle me donne carte blanche toutes ces nuits où je prends les rênes de notre survie.

TU SAIS QUOI, MON CŒUR ? *La semaine dernière, j'ai célébré mon vingt-quatrième anniversaire. Je vieillis mais je suis, je crois, toujours très jolie. Nous avons fait la fête ! Tu te souviens sans doute de la facilité avec laquelle je pouvais avaler des litres de whisky sans perdre la tête ? Rassure-toi, il en est toujours ainsi. Tous mes amis étaient présents, une vraie belle fête où j'ai pu m'amuser comme une folle, même si tu n'étais pas là, tu te rends compte ? J'ai même poussé l'audace jusqu'à engager la conversation avec un homme. Il était très gentil ; il me faisait même un peu penser à toi. Ils me font tous penser à toi, mon amour. Dès que j'ai des papillons dans l'estomac, je te compare à eux, ou plutôt je les compare à toi... Celui-ci me fait trembler, comme tu me faisais trembler autrefois. Sauf qu'aujourd'hui c'est différent. Il y a tellement d'hommes qui meublent ma vie que je ne pourrais pas me donner tout entière à un seul d'entre eux sans que Naomie viennent interférer dans mes*

plans... Sans qu'elle vienne détruire tout ce que je bâtis. Et puis, je commence à en avoir peur. Elle surgit de nulle part, dès que j'ai le dos tourné, dès que j'ai un peu trop bu. Elle s'est glissée au beau milieu de la conversation que j'avais avec le charmant David. Elle a ouvert sa sale gueule et s'est mise à lui faire les yeux doux, à vouloir l'emmener dans notre lit, là, sur-le-champ, comme si elle n'en avait pas assez des hommes avec qui elle couche chaque jour. Une chance qu'il n'a pas trop porté attention à ses propos et que j'ai pu reprendre le contrôle de la conversation assez vite. N'empêche que, maintenant, il doit me prendre pour une demeurée à deux personnalités. Est-ce donc ce que je suis devenue, cher amour? Une minute, je suis une bonne fille, et l'autre, je suis super chatte avec lui. Je ne sais pas quoi faire, cher amour. J'ai son numéro de téléphone et j'ai envie de l'appeler. Il n'est pas comme les autres, je l'ai senti tout de suite. Je ne veux pas te perdre à tout jamais non plus, tu le sais bien. Et c'est aussi exactement pour ça que j'ai brûlé ce qui restait de mon cœur après que tu es parti. Je voudrais refaire ma vie avec quelqu'un d'autre, mais je suis prise dans un tourbillon dont je ne peux me sortir, maintenant. Je vais devoir lui mentir à propos de mon emploi, lui dire que je suis barmaid, préposé au comptoir, réceptionniste, n'importe quoi sauf prostituée, n'importe quoi pourvu

que je n'aie pas à prononcer le mot « putain ». Je ne
peux essayer de lui faire comprendre que ce n'est pas
moi qui vends mon corps – qui le loue –, mais bien
Naomie, la belle et fière Naomie. Il ne comprendra
jamais, ils ne comprennent jamais, mon trésor, mon
doux trésor. Même toi, tu n'as pas su comprendre. Et
je ne t'en veux pas, mon chéri, non, je ne t'en voudrai
jamais de m'avoir quittée. Mais tu n'as pas compris
que c'était elle qui partait travailler, alors que moi,
je restais à la maison à te préparer de bons repas,
à attendre docilement que tu reviennes du boulot,
à dépenser l'argent que Naomie gagnait à la sueur
de son corps pour t'acheter des cadeaux parce que
je me sentais horriblement mal à l'aise de lui prêter
sans que tu le saches ce corps dont tu chérissais
chaque centimètre carré. Tu n'as pas compris que
je t'aimais réellement, d'un amour limpide comme
un ciel sans nuage, sans remise en question, sans
orgueil ni problème. Alors si toi qui me connaissais
comme si tu m'avais créée de tes propres mains, tu
n'as pas su comprendre, il ne le pourra jamais, lui
non plus.

Je sais que tu serais heureux de me voir aimer
quelqu'un d'autre. Tu as toujours voulu que je sois
bien, que je me marie, que j'aie des enfants, une
piscine, un chien, un chat, une vie que j'aime et que

je chérisse. Mais je sais aussi que tu n'approuverais pas que je recommence le même manège, les mêmes secrets merdiques. Je suis censée avoir retenu la leçon. Parce que je dois me souvenir de tout le mal que je t'ai fait quand je t'ai tout avoué, la nuit qui a précédé ton départ. Et je m'en souviens, mon amour, je me souviens de tout ce mal qui te marquait le visage de bas en haut, de toute la misère qui faisait exploser ton cœur, de tout le fiel que tu m'as craché au visage lorsque tu as passé la porte avec tes valises sous le bras en me laissant toute seule. Je me souviens que la dernière chose que j'ai pu apercevoir de toi, c'était ton majeur, dressé bien haut, comme un grand drapeau devant ton corps. Je m'en souviens comme si c'était arrivé ce matin même, et je sais qu'il serait simplement ridicule de ma part de courir le risque de me faire prendre au jeu une deuxième fois. Mais je n'y peux rien, il y a quelque chose en lui qui me fait penser à toi.

Comment faire, mon chéri, pour ne pas craquer? Comment faire, mon chéri, pour rester éveillée, mais garder les yeux fermés, pendant encore des mois, des années peut-être? Il y a si longtemps que je dors debout, que je saccage tout ce que j'entreprends. J'ai peur de vieillir seule, j'ai peur de vieillir sale.

Au début, je croyais vraiment que tu allais revenir; j'y ai cru durant de longues et grises années. Plus maintenant. Aujourd'hui, je sais que tu seras à jamais ancré dans ma mémoire, mais jamais plus pendu à mon cou. Maintenant, ce n'est pas le fait de ne pas finir ma vie avec toi qui me fait peur, puisque c'est une réalité que j'ai dû accepter avec les années. C'est d'avoir à dire non à l'amour qui m'incendie le cœur de plus en plus, et de savoir qu'un jour ou l'autre, à cause de mon âge et de mon passé, plus personne ne voudra de moi.

Aide-moi, mon trésor. Fais n'importe quoi. Écrase-moi avec cette voiture dans laquelle nous nous baladions tous les deux. Écrase-moi avec. Tue-moi. Ne me laisse pas me relever. Fais n'importe quoi, mon amour, mais aide-moi. Il fait de plus en plus froid dans mon cœur. J'ai de moins en moins de chaleur à donner, de moins en moins le courage d'aimer.

Aide-moi.

Journal de **Naomie**

JE TIENS FERMEMENT LE PETIT BOUT de papier dans mes poches. Je n'ai rien. Aucune trace de saloperies. Aucune trace de maladie. Je me dis que j'ai de la chance, que je suis épargnée encore une fois. Je me souviens de Jade. Chaque fois que je reviens de la clinique et que le docteur Machin-chouette me remet un papier détaillant mon état de santé, je repense à elle. Je revois son visage perdu sous ses larmes, je revois ses yeux gonflés, son cou crispé, ses mains moites. Je la revois, à demi étouffée par ses sanglots, vider son casier, honteuse. Je la revois nous expliquer qu'elle ne comprend pas comment ç'a pu lui arriver. Et la voilà qui jure devant Dieu et sur la tête de tous ses proches qu'elle n'a jamais – au grand jamais! – eu de relations sexuelles non protégées. Je la revois et je me souviens que j'y ai presque cru. Je me souviens de mon cœur qui se tordait devant cette jeune femme de deux ans ma cadette, sur qui la guillotine venait de tomber, quelques heures plus tôt. Hépatite. Pas la mer à boire, me direz-vous, pas le sida ; l'hépatite C se guérit. Mais hépatite quand même. Traitements, vaccins, perte de poids, étourdissements, nausée, risque de contagion, risque de jaunisse, problèmes de foie. « Depuis combien de temps ? À cause de quel enfoiré ? Pourquoi moi ? Mais qu'ai-je donc fait pour mériter pareil châtiment ? » Je me souviens de l'avoir vue s'effondrer, en larmes, recroquevillée sur elle-même, devant la porte ouverte de son casier, à genoux dans les déshabillés sexy. Elle ne peut plus travailler avec nous. Elle est malade. Elle a besoin de traitements. Aucune d'entre nous n'a eu le courage de la serrer dans ses bras. Nous l'avons toutes regardée pleurer sa maladie, pleurer son triste destin de pute.

Chaque fois, je pense à elle. Je me dis que ç'aurait très bien pu être moi. Que j'aurais pu coucher avec quelqu'un d'infecté et que le condom aurait pu se rompre. Un petit trou de rien du tout, miniature, que je n'aurais même pas vu, qui aurait laissé passer une toute petite quantité de sperme que j'aurais confondu avec le lubrifiant dont je m'inonde. Une toute petite quantité de sperme, juste assez pour me rendre malade. Juste ce qu'il faut pour que cela soit moi qui m'effondre sur le tapis gris, alors que personne ne me console, alors que personne n'ose me toucher, parce que je suis souillée. Je n'ai jamais revu Jade. Je ne sais pas ce qu'elle est devenue et je n'ai même pas cherché à le savoir. Son souvenir ne revient que lorsque je suis en attente d'un diagnostique.

Je me souviens de Jade, mais combien d'autres ont vécu cela avant elle ? Combien d'autres à venir encore ? Combien de filles qui continuent à travailler comme si de rien n'était, sans savoir qu'elles portent la maladie ? Et si c'était moi, la prochaine ? Camille s'inquiète tellement pour nous... Elle tremble de peur lorsqu'elle reçoit ses résultats, elle y pense en dormant, elle en fait des cauchemars éveillée.

Je me souviens de Jade, mais aussi de Phil, un grand ami, bisexuel avoué. Il est mort du sida le 13 août 2003, emportant tous les espoirs que Camille et ses amis avaient placés en sa rémission, en sa guérison. Le 13 août, une ambulance est venue le chercher, et c'est dans un cercueil qu'il est rentré à la maison. Une seule relation non protégée durant toutes ces années, une seule, a suffi. Ça fait peur. À tout le monde, mais surtout à ceux et celles qui travaillent dans l'industrie du sexe. Pas toutes, non, mais j'imagine que celles pour qui tout cela n'est que passager, temporaire, partagent une paranoïa en ce qui concerne les maladies transmissibles sexuellement. Celles pour qui la prostitution n'est qu'un passage vers une nouvelle vie. Celles qui ne veulent pas que les clients touchent leurs parties génitales sans s'être préalablement frotté les mains avec du savon antibactérien. Celles qui, comme moi, prennent toutes les précautions quand vient le temps de se protéger... Toutes ces femmes vivent avec la peur. Moi, je crains de faire partie des statistiques, de contracter une maladie, de mourir parce que j'ai vendu mon corps à quelqu'un qui était malade dans le sien. Je ne sais pas ce qui est pire : attraper une infection de quelqu'un qu'on aime beaucoup ou de quelqu'un qui nous a payée pour nous baiser. Ni l'un ni l'autre, j'imagine.

J'ai passé des heures à attendre à la clinique, rue Saint-Hubert à Montréal. Des heures à me demander si la personne assise près de moi était là par simple prudence ou plutôt parce qu'elle croyait avoir attrapé quelque chose de grave. Des centaines de jeunes adultes par semaine déambulent dans la salle d'attente et se rongent les ongles en lisant les vieilles revues, se regardant du coin de l'œil, un peu par curiosité, un peu par gêne, j'imagine.

Je n'ai jamais rien attrapé. Jamais. Parfois je me surprends à me dire que cela serait presque plus facile si j'avais attrapé quelque chose. Que si j'étais malade, je ne pourrais plus travailler au Bordel, et cela me donnerait une raison de partir et de ne jamais revenir. Je n'en suis pas prisonnière, mais j'y suis attachée. Peu à peu, au fil du temps, j'ai appris à aimer ces filles que j'aurais sans aucun doute méprisées si je n'avais pas été une des leurs. J'aurais fait comme on fait lorsqu'on ne connaît rien à la prostitution : je me serais imaginé qu'elles sont toutes des droguées, sales, qu'elles vivent dans des appartements crasseux mais surtout, j'aurais cru qu'elles ne servent à rien d'autre qu'à éloigner les époux du domicile familial. Je suis attachée à ces murs qui me servent d'abri contre tout le reste, attaché à cette chambre numéro deux, qui sait tout ce dont je suis capable. Attachée à ce patron qui n'a jamais essayé de mettre sa bite dans ma bouche ou ses mains sur mes seins, et qui me répète constamment qu'il souhaite me voir le quitter, tout lâcher, me reconstruire ailleurs. Je ne sais pas pourquoi je ne suis pas déjà partie. Pourquoi je suis revenue travailler après mon périple en Amérique latine, pourquoi Camille m'a remis les rênes une fois de plus ? Je sais bien qu'il faut que je travaille sans me plaindre, que j'amasse de l'argent, que je ferme ma grande gueule et que j'endure. Parce que je ne veux manquer de rien. Je ne veux pas vendre les bouteilles vides au dépanneur pour pouvoir m'acheter du pain et du lait. Je ne veux pas être prestataire du bien-être social. Mais à force de me coucher sur le dos et de me fermer les yeux, j'ai fini par m'endormir, par endormir mes rêves. Je ne sais même plus ce à quoi je rêvais autrefois. Je ne sais plus ce dont j'avais envie avant d'arriver au Bordel. Je ne comprends pas pourquoi je vais travailler ; j'y vais, un point c'est tout. Je suis Naomie, belle et fière Naomie, parfaite Naomie. Je ne dois plus penser à rien, je ne dois plus regarder derrière moi, je ne dois plus me poser ces questions qui ont réussi à rendre Camille complètement folle, au point de me créer.

Je pense à Jade souvent, mais aussi aux autres filles qui ont meublé ma vie depuis que je suis une pute. Il y a déjà longtemps que j'ai cessé de m'interroger au sujet des filles avec qui je travaille. Je n'ai plus rien à leur demander, c'est devenu si évident avec les années que je ne prends même plus la peine de leur poser les questions d'usage. Je les reconnais, je les distingue facilement, je les rencontre même sur la rue et devine le métier qu'elles font à la façon qu'elles ont de rouler les hanches en marchant, à leur manière de tenir leur sac à main, si typique de la pute, de la fille qui tient sa vie dans sa sacoche.

Ça fait cinq ans que je les regarde défiler. Au début, j'essayais de les aider, de leur montrer qu'il y a une solution pour chaque problème, aussi complexe soit-il. Avec les années, je me suis fatiguée d'ouvrir grand les bras sans recevoir autre chose qu'une claque en plein visage, une bonne dose de réalité qui vous fouette les joues. Il y a eu des dizaines – que dis-je? – des centaines de jeunes « pimpées » qui sont venues travailler au même endroit que moi, au bar comme au Bordel. Quelquefois, une fille venait qui avait l'air si jeune que même si elle prenait la peine de présenter ses cartes d'identités, personne ne la croyait. Au début, je trouvais cela choquant, en tant que femme, de voir d'aussi jeunes filles se prostituer pour emplir les poches d'un proxénète. Mais on en vient bien vite à ne penser qu'à nous. On passe de mère Teresa à Cruella. Au début, on voudrait bien les sauver, faire entrer dans leurs cervelles d'enfants l'idée que ce métier laisse des traces qui ne s'en iront jamais, on essaie tant bien que mal de leur montrer que c'est malsain d'être condamnée à porter dans son corps le fardeau de tous ces hommes qui pourraient être leur père, leur oncle, leur grand-père. Puis, on finit par se rendre compte que celles que nous considérions comme des enfants ne le sont pas. Elles encaissent des coups chaque semaine, vendent leur cul depuis plusieurs mois déjà et, si elles ne le font pas au Bordel, elles le feront ailleurs. Alors, lorsqu'on se met à penser qu'une mineure attire la police et les casiers judiciaires – dont j'ai bien l'intention de me passer puisque je veux franchir la frontière entre le Canada et les États-Unis –, lorsqu'on se rentre finalement dans le crâne qu'elles peuvent nous mettre dans la merde jusqu'au cou, on démissionne. On se choisit, au lieu de les choisir elles, on comprend que notre propre liberté vaut plus que la leur. On prend les grands moyens pour qu'elles se fourvoient devant le patron, on fait tout ce qu'on peut pour qu'elles s'empêtrent dans leurs mensonges, révélant ainsi leur âge véritable. Rien à foutre qu'elle se retrouve ailleurs, à vendre ce même cul mineur aujourd'hui posé près du mien. Rien à branler qu'elle reste coincée dans les filets de son *pimp* pour toujours. Rien. Parce que la partie est perdue d'avance. Parce que ces filles-là sont amoureuses : de leur homme, de leurs bijoux, de leur statut de vache à lait chérie, de l'argent. Ces filles-là sont trop enlisées dans la merde ; elles ne se rendent même plus compte que ça pue.

Il y en a eu tellement au Bordel, de pauvres sottes comme ça. Moi-même, je l'ai été plusieurs fois. Pas exactement sotte, mais plutôt naïve. Un jour, j'ai refilé 1500 balles à une fille avec qui je travaillais depuis plusieurs mois, juste avant de partir pour l'Amérique centrale. Je lui ai donné tout ce fric parce qu'elle en avait vraiment besoin. Elle avait trois enfants et un gros con qui lui faisait office de mari. Il ne se levait jamais du canapé et ne déboursait jamais un rond pour le ménage, sous prétexte qu'il s'occupait de la maison et des enfants, tandis que Kelly faisait la pute pour pouvoir mettre du pain et du beurre sur la table. Cette Kelly m'était très chère: je voyais en elle une amie plus qu'une collègue de travail. Je lui ai donné de l'argent parce que je ne voulais pas qu'elle se retrouve sous mandat d'arrestation pour des contraventions non payées. Lorsqu'on travaille dans ce milieu et qu'on se fait arrêter pour un motif aussi ridicule, c'est le pire qu'il puisse arriver. Et elle a trois enfants. Je ne voulais simplement pas qu'elle se fasse prendre. Je croyais dur comme fer qu'elle allait me la remettre, je vous jure que j'y ai cru. Puis, en revenant à Montréal, lorsque les filles m'ont appris qu'elle avait quitté le Bordel sans laisser de traces, j'ai ravalé mon orgueil de travers. J'ai su plus tard qu'elle avait quitté la ville, emportant avec elle mes 1 500 dollars américains, ce qui à l'époque valait presque 2 000 dollars canadiens. Je l'ai croisée dans un dépanneur des mois plus tard, mais je n'ai pas osé lui balancer mon poing sur la gueule, comme j'aurais voulu le faire. Je lui ai à peine souri et je suis sortie, emportant avec moi ma honte et ma rage de m'être fait berner.

Je n'ai jamais plus prêté quoi que se soit à qui que se soit. Pas parce que j'avais peur qu'on ne me rembourse pas, mais bien parce que je savais que j'allais avoir mal, que je serais déçue. Les filles, dans ce milieu, ne sont pas fiables. Enfin, la plupart d'entre elles ne le sont pas. Et les autres sont carrément des requins, des charognards qui ne pensent pas avec leur cœur, des louves qui veulent toujours plus d'argent, bien qu'elles ne sachent pas ce qu'elles feront avec.

Nous ne pouvons pas les sauver.
Je ne peux pas les sauver.

Il y a eu Tatiana. Une mi-Haïtienne, mi-Dominicaine de dix-neuf ans. Un *look* à la Gwen Stefani, un sourire de la République, du soleil plein les yeux, les dents lumineuses de blancheur. Elle habitait la rive sud de Montréal, dans un quartier dégueulasse de Longueuil, avec son petit ami. Celui-ci lui avait fait la promesse qu'il allait retourner sur les bancs d'école avant la fin de l'année suivante. Entre-temps, le Sénégalais de vingt et un ans ne travaillait pas, non, il prétendait qu'il était plus intelligent de vivre du bien-être social en attendant de retourner à l'école. Tatiana, pour sa part, n'avait jamais travaillé de sa vie. Après une prise de bec musclée avec sa mère, elle avait quitté le domicile familial pour s'établir avec son copain, qui était à l'origine du conflit entre la mère et la fille – madame l'avait surpris en train de peloter la jeune sœur de quatorze ans de Tatiana...

La transition s'est faite en douceur, Tatiana n'a rien vu venir. Les amis du copain venaient régulièrement les visiter dans leur nouveau logis, toujours accompagnés de leurs copines, qui étaient pour la plupart des travailleuses du sexe, des danseuses, des masseuses. En voyant tous leurs bijoux et leurs vêtements griffés, Tatiana a fait le calcul. Si elle trouvait un endroit où elle pourrait travailler quelques jours par semaine et qu'elle économisait son argent, elle pourrait peut-être elle aussi retourner sur les bancs d'école. Elle est arrivée au Bordel nerveuse mais enjouée, comme toutes les filles qui s'imaginent que c'est facile de faire semblant d'aimer la sensation d'un doigt inconnu dans son cul. Chère petite enfant docile et naïve! Comme elle était belle au début! Elle nous racontait ses projets, son amour pour les livres de psychologie, sa passion pour l'étude du genre humain. Elle y croyait tellement que ça me rendait malade. Bien sûr, elle donnait tout son argent à son copain, qui jurait de le placer dans un coffre. Elle n'a pas remarqué le Xbox 360, les jeux, les bijoux. Elle croyait que ses amis lui prêtaient tout ça. Puis, un soir où nous étions toutes en train de nous préparer dans la loge des filles, sous les néons blancs, loin des ampoules rouges du grand salon, je me suis aperçu que ses cheveux si brillants, si lisses quelques semaines auparavant, n'étaient plus que de la paille sèche et cassée. Elle dit simplement qu'elle n'avait pas eu le temps d'aller chez le coiffeur pour faire remplacer ses extensions. Peu de temps après, elle s'est mise à sentir mauvais, à dégager une forte odeur de transpiration, et même cette odeur âcre propre aux infections vaginales. C'était comme si elle n'avait pas accès à du savon ou à du déodorant, comme si quelqu'un lui refusait l'argent nécessaire pour s'en procurer. Ensuite, ce sont les outils de travail qui se sont mis à manquer:

les condoms, les débarbouillettes... Tatiana était de nature distraite, certes, mais personne ne la croyait lorsqu'elle nous disait qu'elle avait oublié son attirail à la maison. Même chose pour les éponges. C'était devenu facile de savoir si elle avait ses règles, puisqu'on retrouvait des serviettes souillées dans tous les coins et que les clients qui sortaient de sa chambre semblaient confus, voire dégoûtés. Vu les conditions, elle faisait de moins en moins d'argent. Alors un jour, après l'appel quotidien du copain, elle a plié bagages et elle a disparu dans la nuit sans donner d'explications à personne, sans dire bonsoir à aucune d'entre nous. Mais le monde des putains est tissé serré, tout le monde se connaît, de près ou de loin. Nous avons finalement appris que Tatiana avait reçu une promotion de la part de son copain chéri. Il la faisait travailler à Niagara Falls. L'abattoir. Vingt-cinq à trente passes par jour, sept jours sur sept. On ne l'a plus jamais revue.

Il y a aussi eu Sacha. Une belle grande blonde avec le cul le plus bombé qu'il m'ait été donné de voir. Pas surprenant quand on sait que Sacha a été trois fois championne canadienne de gymnastique avant d'avoir atteint l'âge de douze ans. Elle respirait la santé. Une athlète aux yeux bleus, une fonceuse comme il ne s'en fait plus. À vingt ans, elle ne s'était jamais encore maquillée. Un diamant brut dans la « garnotte ». Elle avait grandi dans le quartier Saint-François à Laval. Ma belle Sacha, qui n'a jamais su ce que c'était que de coucher avec un Blanc, en dehors des clients. Me belle gymnaste qui n'a jamais pu dire je t'aime à quelqu'un d'autre qu'un Haïtien. Elle habite maintenant Sainte-Rose avec son copain, membre actif d'un gang de rues, revendeur de crack et autres petites douceurs. Il ne lui prend pas son argent, ou plutôt il ne lui prend pas son argent *directement*. Elle a dû lui payer une douzaine de voyages à Haïti, sans jamais y aller avec lui, elle paie le condo dans lequel ils habitent, l'essence de la voiture qu'il conduit, mais pour ce qui est du reste, il ne lui prend rien. Un exploit merveilleux dans le merveilleux monde des *pimps*, qu'il paie sa part du loyer et qu'il ne lui demande pas une facture pour chaque repas qu'elle commande au restaurant en son absence. Sacha va encore à l'école, elle y va pour vrai, elle ne fait pas semblant. Elle vient tout juste de commencer un baccalauréat en éducation, elle veut devenir professeure de gymnastique. Alors la courageuse Sacha travaille toute la nuit au Bordel et elle va à l'école l'après-midi. Je vous jure que c'est beau de la voir faire ses devoirs entre deux clients, sur une des tables du grand salon. Elle a beau se promener en Explorer de l'année et habiter un luxueux condo, la belle

Sacha commence à montrer des signes de fatigue après quelques semaines. Puis, peu après le début de sa deuxième session, elle décide d'ôter un cours à sa longue liste, question de pouvoir souffler un peu, mais surtout question de pouvoir passer un peu de temps auprès de son homme, qu'elle voit de moins en moins depuis qu'elle a commencé son bac. Un matin, elle rentre du boulot et trouve son appartement sens dessus dessous. Personne n'est là. Sur la table, une carte d'affaire de l'inspecteur Machin-chouette. Son copain est accusé de trafic de stupéfiants et de tentative de meurtre. Comme il est loin d'en être à sa première offense, il risque six ans de prison. Mais les preuves sont si accablantes, le dossier tellement bien documenté que même son avocat en vient à croire qu'il a été dénoncé. Les regards des gars de la bande se tournent alors tous vers elle. On croit, à tort, qu'elle a été capable lui faire un tel affront, de le mettre au trou. Elle soupçonne un de ses amis d'avoir fait le coup pour se sortir du pétrin en lui jetant le blâme dessus. Les gars viennent constamment sonner à la porte, à toute heure du jour ou de la nuit, l'appellent des dizaines de fois par jour, se pointent au Bordel pour vérifier si elle y est et posent des questions à tout le monde qui s'y trouvent, clients inclus. Si bien qu'un jour, n'en pouvant plus de subir ce harcèlement, elle explose. Elle les menace de leur mettre la police aux fesses s'ils ne la laissent pas tranquille. Il ne leur en faut pas plus pour voir dans cette menace la confirmation qu'elle marche avec les flics. Un soir, ils pénètrent chez elle, l'attachent sur une chaise et lui brisent la jambe droite avec un bâton de base-ball. Sacha n'a jamais voulu porter plainte et, comme son copain est déjà en prison, il ne peut pas être accusé. Elle ne peut plus travailler avec nous au Bordel parce qu'elle se déplace en béquilles. Les médecins lui ont dit que, même après des années de physiothérapie, elle boiterait toujours, puisque la rotule a littéralement explosé sous la chair. Peu après, elle est déménagée boulevard Gouin: ça lui fait moins loin pour aller voir son copain, qui attend toujours son jugement dans les couloirs de la prison. Elle a vendu son beau camion, faute de pouvoir le conduire sans malaise, faute de pouvoir payer les assurances et l'essence. Les autres l'ont enfin laissée tranquille quand a eu fini de payer la dette de 19 000 dollars de son copain, pour la drogue que la police a saisie, en vendant presque tous ses biens. Je suis allée lui rendre visite une seule fois et la vue de tous ces trophées qui trônaient sur une table merdique au milieu du salon m'a convaincue de ne plus jamais y retourner. Sacha ne sera jamais professeure de gymnastique. Jamais.

Puis il y a eu Kim. Une fille grassette avec un rire de grassette qui vous perce les tympans. Sans être la plus jolie, elle savait que sa belle poitrine généreuse et son sourire avaient un effet fou sur les clients. Elle faisait donc beaucoup d'argent au Bordel. Elle m'a tout raconté un soir, alors qu'on s'empiffrait de sushis dans la loge des filles. Elle avait commencé à se prostituer deux ans avant, parce que son chum le lui avait demandé, tout simplement. Cela ne lui faisait ni chaud ni froid de lui filer tout ce fric, parce qu'il la traitait comme une reine. « *He's my rock* », qu'elle me disait tout le temps lorsque nous parlions de lui. Jamais vu autant d'amour au centimètre carré pour un salaud. Elle l'aimait de tout son être comme s'il n'y avait que lui sur la planète, elle l'aimait comme on aime un dieu que l'on porte en son âme. Seule et unique ombre au tableau, elle n'était pas la seule à se prostituer pour lui : elles étaient cinq au total. Elle était la seule à habiter avec le gars en question, de six ans son aîné, ce qui était le privilège ultime, à l'en croire. Les autres filles se partageaient un autre appartement situé de l'autre côté de la rue, comme ça, il avait le contrôle sur tout ce qui s'y passait. Elle était la seule à avoir l'avantage, l'honneur, d'être *sa femme*, la seule qu'il aimait vraiment, à ses dires. Mais elle souffrait tellement lorsqu'elle pensait à son homme traversant la rue vers ses autres juments, pour aller collecter son dû, mais aussi pour les baiser et leur faire croire qu'un jour elles prendraient la place de Kim... Selon lui, il lui fallait impérativement mentir à ses pauvres filles, les faire se sentir spéciales, les touchers de temps à autre, sinon elles se rebelleraient. Selon lui, encore quelques mois et Kim pourrait enfin se retirer, elle pourrait cesser de se vendre et jouir des avantages de soutirer leur argent à elles. Mille fois, en sentant leur parfum de pute accroché au col de sa chemise, elle s'est juré de le quitter si la situation ne changeait pas. Mille fois elle a dû se rendre à l'évidence qu'elle ne pourrait jamais le quitter. *He's my rock.* Puis, un jour, elle entre chez elle et trouve tous ses effets personnels dans des sacs et des boîtes, près de la porte. Elle sent la colère monter en elle et trouve le courage de pousser la porte pour lui demander des explications. Elle trouve une jeune fille à peine majeure qu'elle n'a jamais vue de sa vie assise sur le lit, fumant une cigarette, avec un des chandails de son copain sur le dos. Celui-ci lui explique, avec un calme presque violent, que désormais, c'est Marissa, *sa femme*. Il lui dit qu'elle n'a rien à se reprocher et qu'elle peut aller habiter avec les quatre autres filles. Elle crie, elle pleure, rien n'y fait. Il ne veut rien entendre, évoque l'âge de Kim, de quatre ans l'aînée de Marissa, comme le facteur ayant joué contre elle, et la remercie tout bonnement pour les trois ans qu'elle a passé à lui filer tout son pognon. Rien ni personne n'a réussi à consoler ma belle grassette au sourire céleste. Le 8 février 2004, Kim s'est tiré une balle dans la tête.

Je n'ai rien. Je cours pourtant de très grands risques cinq jours par semaine et je n'ai rien. Il faut dire que le risque d'attraper une maladie ailleurs qu'au Bordel sont pour ainsi dire nuls. Camille n'a pas de relations sexuelles. Camille n'a pas de relations du tout. Oh, elle s'amourache bien d'un garçon ou deux par année, mais ne pousse jamais l'audace jusqu'à admettre ses sentiments. Elle s'est enfermée à double tour dans sa prison d'où elle ne sort que pour prétendre qu'elle est quelqu'un d'autre. Elle joue le jeu, flamboyante actrice. Elle n'avoue jamais ce qu'elle fait la nuit, à personne, sous aucun prétexte. Elle préfère dire qu'elle a un emploi normal, comme tout le monde. Elle préfère acheter de sa poche les produits de beauté dont elle dit qu'ils proviennent de la compagnie où elle travaille. Ça lui coûte une fortune, surtout à Noël. Tout le monde lui passe une commande, tout le monde croit qu'elle bénéficie de rabais sur les produits. Que ça lui coûte les yeux de la tête n'a aucune importance pour elle ; tout ce qui compte, c'est que les autres soient heureux. Tout ce qui compte, c'est que les autres soient assez heureux pour ne pas voir que tout cela n'est que de la frime, des mensonges, une histoire à dormir debout. Elle voudrait tellement que la grande roue arrête de tourner, que le manège amorce enfin sa descente. Mais elle n'y peut rien, elle a besoin de moi. N'empêche, elle vit quand même bien avec tout cela, elle se contente de hocher la tête et de sourire aux autres; elle attend d'être seule pour pouvoir enfin se cacher sous les draps et pleurer. Et tant qu'elle aura besoin de mon mascara pour se cacher, je serai là.

Dans le merveilleux monde des putains, il est fascinant de voir le nombre de filles qui prétendent être quelqu'un qu'elles ne sont pas. J'ai connu une fille qui se gargarisait au whisky à la fin de son quart de travail, à même la bouteille qui traînait dans son casier, pour en imprégner son haleine, afin que son mensonge soit crédible et que ses colocataires croient qu'elle était réellement barmaid. La plupart des filles qui ne sont pas « pimpées », qui travaillent pour elles-mêmes, de façon indépendante, n'avouent rien de leurs réelles occupations à leurs proches, à leurs parents, à leurs amis, et vous seriez surpris de constater à quel point elles sont nombreuses à avoir un copain ou même à être mariées à quelqu'un qui n'a aucune idée de ce qu'elles font. Elles inventent quelque chose, disent qu'elles sont barmaid, travaillent dans un entrepôt, n'importe quoi. Le pire, c'est que ça marche, elles ne se font presque jamais prendre. Normal, quand on y pense. Combien de fois êtes-vous allé voir votre conjointe travailler? Combien de fois vous êtes-vous présenté à l'école pour voir si votre petite fille chérie y était? On aime et on fait aveuglément confiance à celle avec qui on partage sa vie... Au Bordel, le téléphone des filles sonne toute la nuit... Des copains, des copines, des *pimps*, des sœurs, des amis... chacune d'entre nous reçoit un coup de fil de temps à autre. Nous nous serrons les coudes, nous savons le nom de travail des filles, bien évidemment, mais nous mémorisons aussi les véritables noms de toutes celles qui travaillent ici. Lorsque le téléphone sonne, il faut toujours faire attention, ne pas vendre la mèche, ne pas exposer au grand jour le mensonge de nos collègues. Il n'est pas rare de répondre et d'entendre la voix d'un enfant qui appelle sa mère au travail, d'une amie, d'une maman et parfois d'un mari. La plupart du temps, ils ne savent pas où ils téléphonent.

Je n'ai rien, mais pourtant, j'ai tout ce mal qui fait de moi celle que je suis. Je n'ai rien mais je me cache derrière ce masque pour ne pas avoir à révéler ma vraie nature à la face du monde. Je ne veux pas que les gens sachent que je suis « pimpée », moi aussi. Sauf que mon *pimp* à moi, c'est ma solitude. Heureusement, cette solitude me pousse aussi à être généreuse et sociable, à prendre en charge la facture lorsque je vais au restaurant avec ma mère, mon frère ou ma meilleure amie. Ma solitude me pousse à inviter mes amis dans les bars lorsque je sais très bien qu'ils n'ont pas de quoi payer leur entrée, parce que je veux mettre un pied hors de chez moi à tout prix, je veux sortir, faire autre chose que de me prostituer. Mes amis ne savent pas ce que je fais, mes amis ne savent pas combien je gagne. Tout ce qu'ils savent, c'est que je suis à l'aise financièrement et que je vais payer s'ils n'ont pas les moyens de le faire. Et puis, ils me le remettent à leur façon. Ils sont là lorsque je perds l'équilibre, ils sont là lorsque je ne sais plus à quel saint me vouer. Ils sont là.

Mon *pimp* à moi, c'est la façon que j'ai de n'être à l'aise nulle part, c'est le courage qui me manque pour être moi-même, c'est le silence qui me bousille les tympans et le souvenir de mes amours déchues qui me transpercent le cœur. Mon *pimp*, c'est moi, personne d'autre que moi. Je n'ai rien, mais pourtant j'ai toute cette solitude qui fait de moi quelqu'un de triste et de sauvage.

Je n'ai rien, aucune saloperie dans mon corps, c'est écrit là sur le petit bout de papier, juste au-dessus de la signature du monsieur aux diplômes. Aucune trace de ces hommes qui se sont étendus sur moi, qui se sont répandus en moi. Mon corps est propre. Enfin, aux yeux de tous. Camille sait bien qu'il ne l'est pas, et je le sais aussi. J'ai beau n'être qu'une prostituée, j'ai beau ne faire office que de remplaçante pour accomplir toute la sale besogne qu'elle ne peut pas supporter, je sais que je suis sale. Je n'ai rien sur papier, mais dans mon corps et ma tête, je porte des centaines de souvenirs noirs qui m'assiègent et menacent d'avoir raison de moi. Je n'ai rien, mais toutes ces filles qui se meurent sous mes yeux m'empêchent d'avancer librement. Elles sont mes chaînes. Je suis mes chaînes.

Je n'ai rien, et pourtant je traîne ma fatigue avec moi dans les bars *after hours* une journée par semaine. Ma seule sortie au grand jour avec les autres putains. Si je m'écoutais, je resterais chez moi, je me cacherais sous les couvertures et je ne réapparaîtrais que quelques jours plus tard pour aller travailler. Mais je continue de les accompagner, beau temps mauvais temps, de cinq heures à midi, quelque part dans un club huppé du centre ville. Je les vois butiner autour des hommes de race noire, presque tous membre de gangs de rues, je les vois jouer au chat et à la souris, faire la belle, sourire à la ronde, comme si le quart de travail n'était terminé. Pour moi, plus besoin de jouer à la putain, plus besoin de courtiser les hommes, de leur montrer combien nous sommes chattes et belles et invitantes.

Elles ne travaillent plus. Et pourtant, elles sont là à se déhancher sous les yeux des hommes, à faire des pirouettes pour avoir leur attention. Pourquoi font-elles ça? Ces mêmes filles se pointaient au Bordel couvertes de bleus et ont dû trimer dur pour se sortir des griffes de leurs *pimps*, mais elles se font reprendre illico dans le même jeu. Elles écoutent avec un sourire grand comme leur cœur d'enfant ces rythmes de hip hop où l'on prêche la violence, la prostitution, le sexe, l'argent et la drogue, et je suis là à les regarder jouer leur vie devant moi, comme dans un mauvais film où la trame sonore fait office de narrateur. Nous passons toute la nuit à écouter leurs disques compacts et je les regarde répéter leurs pas de danse à la mode, échanger leurs trucs pour effectuer tel ou tel mouvement. Moi, je me demande bien ce que je fais là, puisque je refuse systématiquement toutes les offres qu'on me fait. J'apprends de mes erreurs. La seule et unique fois où je me suis laissée aller, on a menacé de me tuer si je ne rapportais pas mille dollars par semaine, après seulement un mois de fréquentation. Un autre homme qui voulait s'enrichir sur le dos de jeunes prostituées, avec pour seule excuse qu'il pourrait mieux que moi administrer mon argent, comme si je ne pouvais trouver moi-même le chemin jusqu'à la banque.

Le problème est évident : lorsqu'on fait le commerce du sexe, chaque seconde passée avec un client lui est dédiée ; il faut faire ce qu'il veut, comme il le veut, il faut lui faire plaisir. Le client paie, la pute s'exécute. Tout ce manque d'attention, ce manque de caresses et de douceur s'accroche à nous et on finit par craquer. Mais avoir quelqu'un dans sa vie, quand nous passons nos nuits entre les murs du Bordel, signifierait de lui avouer ce que nous sommes. Rare sont ceux qui accepteront de partager leur intimité avec quelqu'un qui la partage déjà avec des dizaines d'étrangers par semaine... Alors que les *pimps*, les macs, les membres de gangs acceptent cette réalité. Ils en vivent. De l'affection en échange d'un salaire. Et voilà la pute devenue cliente, la voilà qui paie pour partager son intimité avec quelqu'un qu'elle a choisi.

Mais qu'est-ce qu'elles ont à sourire comme ça? Pourquoi est-ce qu'elles repartent au bras d'un membre de gang presque chaque fois qu'elles mettent les pieds ici? Pourquoi est-ce qu'elles les aiment tant? Pourquoi est-ce qu'elles se laissent tuer à petit feu comme ça? Je voudrais tellement les aider. Elles sont mes chaînes. Je suis mes chaînes.

DEUXIÈME PARTIE

Journal de

Le Grand Prix de Formule 1 bat son plein dans le centre-ville de Montréal. La ville est tellement dégueulasse, lorsque je pousse la porte du Bordel aux petites heures du matin pour m'engouffrer dans un taxi à la fin de mon quart de travail, que je m'y reconnais. Je suis Montréal salie par les touristes. Montréal est une femme triste au matin. Je suis une ville bilingue qui sert à accommoder toutes sortes d'hommes et de femmes, une ville qui dort le jour et qui s'éveille la nuit. Une ville qui accueille les touristes en âge de boire et de dépenser leur argent américain. Une ville en ruine. Une ville sale. Oui. Je suis Montréal, et le Grand Prix est ma relance économique. Si vous saviez avec qui je baise, vous en seriez vert de jalousie ou rouge de honte, allez donc savoir. Des acteurs américains qui appellent avant de venir pour s'assurer qu'il y a une sortie d'urgence qu'ils pourront utiliser pour ne pas se faire voir par le petit monde. Des athlètes, tous sports confondus, qui pour la plupart viennent en groupe et se vantent de faire partie de telle ou telle équipe ou de telle ou telle association. Ces athlètes qui ont ce corps de dieu et qui sont fiers de le montrer, de crier haut et fort à quel point ils sont beaux et bien faits. Et nous, pauvres petites connes, on n'en revient tout simplement pas. On a couché avec tel acteur, on a taillé une pipe à tel joueur de football, on a joui sous l'étreinte de tel joueur de hockey. On joue les vedettes parce qu'une vedette nous a choisie entre toutes pour nous faire l'honneur de payer pour notre corps. On s'en vante pour ne pas en pleurer. On en jouit parce que le gars a du pouvoir ou une influence quelconque sur la société dans laquelle nous vivons. Nous avons toutes nos histoires à raconter sur tel comédien qui sort pourtant avec telle comédienne, magazine à potins à l'appui, et qui avait des demandes délurées à nous faire. Tel acteur m'a donné 500 dollars d'extra pour que je lui pisse dans la bouche. Tel joueur de basket voulait que je lui écrase les couilles avec mes talons aiguilles. Tel politicien vient ici avec une mallette en cuir de laquelle il sort des souliers pleins de boues et il veut que je les lui presse contre le visage et que je le force à en lécher les semelles. Tel chanteur a pleuré dans mes bras pendant que je le masturbais en l'appelant « mon enfant chéri » et en comptant les foutues minutes dans ma tête. Nous ne nous lassons jamais de nous raconter nos anecdotes concernant le milieu sportif ou la scène artistique d'ici ou d'ailleurs. On en oublie presque leurs mauvaises manières, leurs sous-vêtements sales, leurs haleines infectes, leur grossièreté, comme si le simple fait d'être une vedette procurait un passeport pour transgresser les limites et en être pardonné. Durant le Grand Prix, c'est pire. Probablement à cause de l'affluence hors de l'ordinaire qui nous assiège.

Le déclin du commerce du sexe, ce n'est pas un phénomène nouveau. Chaque été est pire que le précédent. Le week-end de la Formule 1 n'y échappe pas. C'est partout pareil, des agences offrent un service de déplacement aux salons de massages, en passant par les clubs de danseuses. Mais nous nous plaignons pour rien. Depuis que le taux de change pour l'argent américain a piqué du nez, oui, la différence est frappante. Mais en général, on gagne quand même entre deux et trois mille dollars par semaine si nous travaillons à temps plein. C'est énorme, me direz-vous. Le nombre de clients avec lequel nous franchissons la porte de la chambre l'est tout autant. Des dizaines par semaine. Pas des centaines, quand même! Des tonnes de fric. Lors de ce fameux week-end, on commence à quatre heures de l'après-midi au lieu de huit heures et on peut étirer cela jusqu'à six ou sept heures du matin. La porte s'ouvre alors sur ma belle ville souillée, me laissant retrouver mon petit coin de paradis, où je pourrai reprendre mon rôle de jeune femme pour qui tout va bien.

Le Grand Prix nous offre tout un spectacle, à nous aussi, à l'intérieur des murs. Plusieurs nouvelles font leur entrée, le temps d'un week-end, et nous savons qu'elles ne poseront probablement jamais plus les pieds ici. Des danseuses surtout, venus de partout au pays. Chaque année, plusieurs filles de l'Ontario et de la Colombie-Britannique viennent travailler ici. Elles appellent quelques semaines avant, prennent le train jusqu'à Montréal pour la fin de semaine, et repartent, plus riches de quelques milliers de dollars. Les anciennes du Bordel se chargent de leur faire la vie dure. Nous qui travaillons d'arrache-pied tout au long de l'année, nous qui somme là, au milieu du mois de février, à demi transies de froid parce que nous nous promenons presque nues dans le grand salon alors que la grande porte s'ouvre sur l'hiver des dizaines de fois par soir. Nous qui nous connaissons par cœur, qui rions et pleurons ensemble, qui nous aimons et nous détestons depuis des mois, voire des années, ne pouvons laisser une nouvelle prendre notre place. Ces filles partent de chez elles pour venir travailler, mais chaque cent qu'elles gagnent devrait nous revenir. On ne sourit qu'aux nôtres, on ne se parle qu'entre nous et, même si nous parlons toutes anglais, nous évitons de nous adresser à elles dans leur langue maternelle, pour qu'elles ne puissent pas comprendre ce que nous leur disons. On passe le week-end entier à les éviter, à nous placer devant elles, à les critiquer, les mépriser, cacher leur maquillage, trouer leurs vêtements avec nos cigarettes.

Le week-end de la Formule 1 étant le plus achalandé de l'été, nous nous préparons des jours d'avance, en vue de faire le plus d'argent possible. Durant la semaine qui précède cet événement, nous nous faisons coiffer, manucurer, nous achetons de nouvelles tenues affriolantes et du nouveau maquillage. Tout doit être parfait, tout doit être en place pour faire le plus d'argent possible.

Jeudi. Vendredi. Samedi. Dimanche. Un. Deux. Trois. Quatre. La fin de semaine du Grand Prix est enfin terminée, derrière nous jusqu'à l'année prochaine. En route vers mon appartement, dans le taxi sale, parcourant la ville sale, je fais les comptes. Je ne suis pas déçue, ç'a même très bien été, mis à part le fait que je suis si fatiguée que j'ai failli dire mon vrai nom au moins dix fois, que je me suis fait engueuler comme du poisson pourri par deux clients qui n'étaient pas satisfaits parce qu'ils n'avaient pas eu le temps d'éjaculer (mon Dieu ce que cela peut être con, un homme soûl), que je me suis fait donner un faux billet de vingt dollars (que j'ai finalement réussi à refiler à quelqu'un d'autre) et que la fermeture éclair d'une de mes bottes de latex s'est brisée au beau milieu de la soirée, je ne suis pas déçue du tout. J'ai réussi à franchir la barre des trois mille dollars. Ce qui est très appréciable. Je crois que je vais m'acheter une nouvelle voiture, ça m'évitera les taxis. C'est toujours un problème, ces foutus taxis, j'aime mieux marcher jusqu'à la rue Sainte-Catherine et en siffler un. Comme ça, je ne me bute pas aux sales gueules de « cokés » des chauffeurs, qui me posent leurs foutues questions de merde sur ma soirée. Questions pleines de sous-entendus, questions pleines de perversion. Mêlez-vous donc de vos maudits oignons! La dernière chose que j'ai envie de faire est de leur raconter ma vie. Tout ce que je veux, c'est souffler un peu, regarder par la fenêtre et voir les boutiques, les passants, le soleil qui se lève doucement et qui me guide vers la maison, où je pourrai enfin retrouver mes chats et sauter sous la douche.

Je ne veux pas discuter de ma soirée avec de parfaits inconnus. Si vous pouviez voir la pagaille qui règne dans le vestiaire des filles lorsque le quart de travail est enfin terminé... Si vous voyiez la vitesse à laquelle on saute dans nos vrais vêtements et nos espadrilles pour en finir avec cette soirée que nous venons de vivre... Tout le monde est à fleur de peau. Personne ne dit quoi que se soit à celles qui n'ont pas fait d'argent, sans doute un peu mal à l'aise d'avoir été occupées toute la soirée alors que certaines s'occupaient de la lessive. On compte en silence, dans sa tête, ce qu'on a réussi à gagner avec notre cul doré. On lance nos déshabillés pourtant si précieux au fond de notre casier. Il y a toujours quelque chose qui tombe pour nous ralentir, toujours quelque chose pour nous empêcher de partir rapidement. On ne rentre plus notre petit ventre de rien du tout, on se laisse enfin aller. On attache nos cheveux en chignon ou en queue-de-cheval, on essuie nos lèvres du rouge qui les retenait prisonnières. On n'attend personne, on veut simplement en finir. Oh, il nous arrive quelquefois de nous éterniser, surtout si la soirée était incroyablement bonne ou si quelqu'un de connu a posé les pieds au Bordel. On jase, on se raconte encore une fois la manière dont la vedette s'y est prise pour nous prendre et on rit à l'unisson, comme si tout cela était parfaitement normal.

Je suis toujours la première en haut. Toujours. Je suis toujours la première qui monte le grand escalier après trois minutes à tout lancer dans mon casier. Je veux partir. Je descends à la loge une dizaine de fois durant la nuit pour mettre mes vêtements sur le bord d'une des chaises, mes souliers aussi, pour préparer mon sac et tout et tout. Je le fais chaque soir, pour être bien certaine de pouvoir me débarrasser de mon rôle de pute le plus tôt possible, et ainsi me changer à toute vitesse et gravir les escaliers quatre à quatre vers la sortie.

Je ne veux discuter avec personne. Je ne veux pas m'étendre sur ma soirée, moi qui m'étends déjà beaucoup trop, avec un chauffeur de taxi. Il n'y a que Bobby avec qui je le fais. C'est mon chauffeur préféré. Il ne me pose jamais de questions, jamais. Il m'a ouvert la porte la première fois que je me suis approchée de sa voiture, et lorsque je lui ai dit sèchement que cela n'était pas nécessaire, il m'a répondu que oui, au contraire, ça l'était. Ça m'a fait sourire, cette attention toute simple. C'était la première fois qu'un homme m'ouvrait la portière avant que j'entre dans la voiture. Bobby est génial. Il me laisse parler lorsque je le veux bien et, si je reste muette et que je lui tends le billet de dix dollars une fois devant la porte de chez moi, il me souhaite tout bonnement une belle journée. Il n'est pas comme les autres, il a raté sa vocation, il aurait dû être un prête ou un saint, ça lui va beaucoup mieux. Saint Bobby, priez pour nous.

Journal de Camille

JE SAIS CE QUE TU VAS ME DIRE, *encore. Que je n'aurais jamais dû croire que j'allais pouvoir m'en tirer aussi facilement. Tu résistes au grand nettoyage, tu résistes à l'effort incroyable que je déploie pour astiquer mon cœur à la laine d'acier pensant t'en faire disparaître. Tu résistes à tout, à moi en particulier. Tu as toujours été plus fort que moi. Je crois même que si tu avais été pute, tu aurais très bien pu le faire par toi-même. Tu n'aurais jamais accepté que ton alter ego y aille à ta place, non, pas toi. Tu es trop fort, trop brave, trop courageux pour déléguer la sale besogne à ton « autre ». S'il avait fallu que tu sois pute, tu en aurais sans aucun doute été fier. Tu ne l'aurais pas crié sur tous les toits, mais tu n'aurais jamais menti à qui que se soit. Pour toi, le mensonge sort de la bouche des faibles et a été créé pour ceux qui ne peuvent accepter ce qu'ils sont et qui se forcent à devenir cette autre moitié, celle qui vit dans un rêve. Si tu avais eu l'audace d'être pute, tu me l'aurais dit.*

Tu n'aurais pas emprunté le chemin sinueux dans lequel je me suis engagée seule et qui nous as menés à notre perte. Tu me l'aurais dit et il aurait été de mon devoir de l'accepter puisque ç'aurait fait partie de toi et que je t'aimais d'un amour inconditionnel. Alors pourquoi ne t'ai-je donc rien dit, mon amour ? Tu m'as tant reproché de ne t'avoir rien dit qu'à un certain moment je n'ai pas su si ton malheur venait des images de moi avec tous ces hommes qui te venaient en tête ou du fait que je te l'avais caché tout ce temps. Pourquoi ne t'ai-je rien dit alors ? Je crois que je suis restée muette parce que je ne savais pas très bien pourquoi je faisais cela. Je savais pourquoi je l'avais fait, plus jeune ; alors, c'était tellement différent. Nous n'étions pas encore ensemble, j'étais très jeune et j'avais travaillé illégalement dans un bar de danseuses pendant quelque temps, mais n'y était jamais retournée. Je crois même qu'au plus profond de mon être, je croyais fermement que je ne serais jamais pute, ou peut-être que si, je n'en sais trop rien. C'est pour cette raison que je ne t'ai rien dit, en fait, cher trésor, parce que je ne savais pas moi-même pourquoi j'avais acheté le journal ce matin-là avec la volonté de trouver un travail de prostituée. Et si je te l'avais dit, m'aurais-tu aimée de ce grand amour dont tu m'aimais alors ? M'aurais-tu menacée de me quitter ? M'aurais-tu chassée de la maison dès l'instant où je t'aurais fait part de mes intentions ?

Je savais bien que la relation entre cet autre garçon et moi ne pourrait pas durer, ne pouvait aller nulle part, puisque je lui ai caché dès le début ce que je faisais réellement, ce que j'étais réellement. Puis, les souvenirs de toi, les taches de souvenirs de toi, ont commencé à me démanger au cœur et à me noyer d'angoisse. Je t'ai revu crier si fort que tu allais me pourrir la vie et que je n'étais qu'une pauvre pute de bas étages que je n'ai pas eu le courage de continuer. Je ne voulais pas lui avouer mon métier, comme je n'ai pas voulu te le dire à toi, mais certainement pas pour les mêmes raisons. Avec toi, je ne savais pas pourquoi je le faisais, donc je ne savais pas pourquoi je te le dirais. Avec lui, je sais exactement pourquoi je le fais, du moins pourquoi je prétends le faire, donc je n'ai pas plus de raisons de le mettre au courant. J'ai peur qu'il rie de moi, peur qu'il me haïsse, peur qu'il me trouve sale, laide, vide, creuse, perdue, salope. Mais par-dessus tout, je crois que j'ai peur qu'il l'accepte et qu'il se mette dans la tête de me sortir de là, alors que personne ne m'y retient contre mon gré, je ne suis pas prisonnière du Bordel. Je suis là parce que je veux y être. Je suis mes chaînes.

Journal de **Naomie**

JE N'AI JAMAIS SU POURQUOI le taux d'alcool dans le corps d'un homme est inversement proportionnel à son niveau de jugement. Jamais su pourquoi ils sont si cons lorsqu'ils boivent trop. Je ne m'inquiète jamais lorsque je suis au Bordel : je suis dans mon élément, à l'aise, exquise. Je ne suis presque jamais dérangée dans mon perpétuel battement de cils, confiante dans mon rôle de putain, dans mes attributs de chienne. Mais les hommes soûls qui franchissent la porte par dizaines chaque semaine me laissent perplexe. Je ne parle pas de ceux qui ont un peu trop bu et qui titubent vers le guichet automatique pour en retirer les précieux dollars gagnés à la sueur de leur front. Au fond, ils ne banderont jamais et seront plus désolés que déçus. Je parle plutôt de ceux qui sont là par vengeance. Ceux qui ont bu pour éteindre un feu qui s'embrasait dans leurs tripes et qui n'ont pas trouvé d'alcool assez humide, assez mouillé pour éteindre les flammes qui valsaient en eux. Ceux-là sont souvent seuls, même s'ils sont en groupe. Ils ne sont ni beaux ni laids, mais ils ont ce massacre imprimé au fond du regard qui vous glace d'effroi. Seuls, ils ne regardent jamais le patron dans les yeux lorsque celui-ci leur explique les règles de la maison, ils regardent les filles et répètent: « Combien, combien pour baiser? » Ils sourient avec leurs dents de foutus carnassiers, ils cherchent leur proie et choisissent invariablement celle qui a l'air plus mal en point qu'eux. Celle qui a passé la pire semaine de sa vie et sur laquelle on voit se creuser les rides et les sillons de ses angoisses, celle qui ne devrait pas être là, celle qui aurait voulu prendre congé mais qui n'avait pas d'excuse pour se sauver du travail. La brebis parmi les louves. D'ordinaire, un client comme ça va prendre la brebis, et nous allons toutes lui jeter un regard mi-soulagé qu'il ne nous ait pas choisi à sa place, mi-désolé pour elle. Lorsque l'une d'entre nous traverse une passe difficile, les autres sont immanquablement au courant.

Celui qui vient en groupe est différent des autres, probablement parce que plus il y a d'hommes dans un groupe, plus les rôles attribués sont flagrants. Par exemple, dans un groupe de cinq (ce nombre est un classique), il y a le *leader*: c'est un gars sûr de lui, qui marche d'un pas décidé vers le comptoir et qui s'y accoude, regardant à la fois le patron et les filles, souriant à la ronde, qui s'informe des prix, puis se tourne vers ses amis et sent le besoin de répéter même s'ils ont compris. Ce client va probablement éjaculer au bout de cinq minutes, et ne sera pas embarrassé du tout de retourner tout de suite au grand salon, riant en avouant qu'il n'a réussi à tenir que cinq malheureuse minutes, mais que, tout compte fait, la chienne était bonne et que c'était un investissement qui en valait la peine. Il y a aussi dans le groupe les deux idiots qui se frappent amicalement les épaules avec leurs poings et qui rigolent à propos de tout et de rien en faisant semblant d'être en pleine discussion, question que personne ne remarque l'immense malaise qui se peint sur leur visage et sur leur corps. L'un ou l'autre insistera pour recevoir préalablement un massage, pour se mettre dans l'ambiance, va essayer de nous embrasser sur la bouche une dizaine de fois malgré nos protestations et s'excusera chaque fois, prétextant qu'il a trop bu, viendra en quelques minutes et voudra nous étreindre après l'acte, même si nous sommes déjà debout près du lit en train de nous laver et de nous rhabiller, pressées de voir s'il y a d'autres clients qui attendent au salon. Puis, il y a celui qui ne veut pas prendre de fille, parce qu'il est marié ou en couple, et qui va directement s'asseoir sur l'un des canapés rouges du salon, sous les regards emplis d'approbation et de sollicitude des filles. Il restera là tout le temps que ses amis passeront dans les chambres. Puis, il y a le gars seul au beau milieu de son groupe. Celui sur qui le malheur s'est accroché, celui qui pue la haine et les regrets. Il n'a pas dit un mot depuis qu'il est entré, il a regardé les filles, écouté le *speach* du patron, regardé son fidèle ami se diriger vers le divan en proclamant son amour pour sa douce moitié, ses deux autres amis rire pour rien en comptant l'argent qu'ils ont dans leurs poches, et son *leader* s'avancer vers les filles, une réplique prévisible lui pendant au bord des lèvres.

Celui qui est seul s'avance vers le patron et lui remet son argent en lui faisant part de son choix, puis il se tourne vers la fille en question et lui dit: « *Let's go.* » La fille se dirige vers la chambre qui lui est attribuée ce soir-là et elle va se faire violer. Vous allez me dire que non, il ne peut pas s'agir d'un viol si elle entre elle-même dans la chambre, si elle place les serviettes propres sur le lit et prend l'argent qu'on lui tend avant de se déshabiller et de prendre un préservatif. Eh bien, vous avez tort. Je me suis fait violer des dizaines de fois. Pas sous la menace, pas sous une pluie de coups de poings sur la gueule. Le gars me dit de m'étendre sur le lit et juste à son ton, juste à entendre le son de sa voix, il y a tout mon corps qui se fige, il y a tout mon sang qui se glace. Il ne s'agit pas d'une invitation mais bien d'un ordre. Je m'exécute parce que le gars m'a payée, que, jusqu'à preuve du contraire, personne n'est coupable de quoi que se soit, et que l'intuition n'est jamais une excuse valable au Bordel pour sortir d'une chambre ou refuser un client. Je m'étends parce que c'est mon putain de boulot de m'étendre là où on me le demande, lorsqu'on me le demande. Le gars veut que je le suce. Il me fait mal, mais pourtant il est couché sur le dos. Il donne des coups avec son bassin parce qu'il veut que j'aille plus loin, avec sa bite coincée au fond de ma gorge de plus en plus creux, il veut que je lui fasse la pipe du siècle, il veut que j'y mette tout ce que j'ai, pour qu'il puisse oublier ne serait-ce que trente minutes la raison pour laquelle il est entré ici et m'a choisie, moi. Puis il se lève presque d'un bond et se place derrière moi avec toutes les mauvaises intentions du monde. Il veut ma peau. Il me pince les seins, il me fait mal. Je le lui dis, il s'en fout, il ne m'écoute pas. Trop occupé à me baiser trop fort. On dirait qu'il veut passer à travers mon corps avec sa queue, on dirait qu'il veut m'anéantir. Je cambre les reins pour essayer d'amortir les coups de bassin, qui me font l'effet de contractions. Je plaque ma tête contre l'oreiller et je me concentre pour ne pas pleurer. J'ai les yeux pleins d'eau. Je ne peux pourtant pas me résoudre à sortir de la chambre, il va tout mettre sur mon dos, il va gâcher ma soirée, il va me faire de la mauvaise publicité. Je ne peux pas pleurer. Si j'ouvre les yeux et que les larmes coulent, le mascara emportera avec lui la façade Naomie et Camille sera réduite à se vider le corps de larmes sur un lit souillé avec ce con de misogyne qui savourera sa victoire écrasante. Je ne peux pas pleurer. Ma tête enfouie dans l'oreiller, mes seins qui font mal sous ses doigts de géant, sa sueur qui me coule sur le dos et les épaules me donnent envie de vomir ; son sexe si dur qui entre et qui sort de ma chatte plus lubrifiée du tout me donne envie de hurler. Mes yeux fermés si fort pour que les larmes ne coulent pas, pour que je ne puisse pas voir ses doigts s'agripper à mes seins, son visage crispé... Ses testicules qui claquent sur moi à chaque coup, sa façon d'aller au fond de moi, de vouloir me faire mal, de s'en foutre que je ne me force même pas pour émettre les sons que font les filles qui se font baiser... Je me fais violer. Je ne vais pas crier. Je ne vais pas lui dire qu'il a réussi à me faire mal, qu'il m'a brisée, que je crois que je n'aurai jamais d'enfants parce que des imbéciles comme lui ont ruiné le col de mon utérus. Voilà, ça y est, il va venir, je le sens à son membre qui, bien que ça semble impossible, devient un peu plus dur qu'il ne l'était. Il se retire, enlève le condom et éjacule partout sur mon dos. Ce n'est pas permis et je sais qu'il le sait. Il l'a fait par défi, pour me salir encore plus. Parce que je sais qu'il sait que je ne voulais pas être là du tout. Je ne voulais pas de cet homme ni de son argent, de son sperme sur ma peau. Il a eu ma peau. Je m'essuie. Je me suis fait violer. Je sors de la chambre avec mon sac et je regarde les autres filles en fusillant tout le monde du regard. Elles comprennent, je n'ai pas besoin de parler. Elles savent que je viens de tomber sur un connard bousilleur d'utérus.

Je me suis fait violer des dizaines de fois. J'ai chaque fois envie de hurler mais je ne le fais pas. Je ne peux pas hurler: personne ne me pose de fusil sur la tempe pour me forcer à travailler au Bordel, personne ne me force la main. On s'engourdit, on vieillit dans nos têtes d'enfants, on suce et on prie pour que le gars éjacule le plus tôt possible, pour qu'on puisse enfin sortir de la chambre. On ne peut pas hurler, je crois que ça nous tuerait, que mon cœur arrêterait de battre, le jour où je laisserais le cri sortir de mon corps.

Mais ce soir-là, c'est différent. Ce n'est pas moi que le gars seul au milieu de son groupe a choisie. Moi, je suis restée assise sagement sur le canapé rouge du grand salon avec le gars fidèle. Il m'a raconté sa vie, il m'a décrit ses valeurs et je l'ai cru. On a souvent beaucoup à apprendre des clients qui ne vont pas dans les chambres, ils sont comme des grands livres illustrés : faciles à ouvrir et à déchiffrer. C'est Sandy qui a hérité du trou de cul du groupe. Elle a passé la semaine au chevet de son père atteint du cancer des os. La thérapie par le travail, faut y retourner le plus vite possible dès que quelque chose de triste nous arrive, ne plus penser à rien d'autre qu'à servir des clients, s'oublier. Elle l'a suivi jusque dans la chambre numéro six. C'est celle qui se trouve tout au fond du Bordel, tout au bout du corridor. Je déteste cette chambre, elle est froide, impersonnelle et trop grande. Les autres chambres ne contiennent qu'un lit et une table de chevet, mais dans la six se trouve un divan, une grande douche, le lit et deux tables de chevet, ce qui donne lieu à de multiples demandes de la part des clients... Baiser sur le lit, la table, en levrette sur le divan, sous la douche, etc. Je déteste la six. Sandy l'a suivi jusqu'au bout du corridor, au bout du Bordel. Je me suis assise avec le client sur le canapé et nous avons commencé à parler de tout et de rien, de rien surtout. C'est à peine dix minutes plus tard que c'est arrivé.

Le cri.

J'ai senti son cri me pénétrer la peau comme s'il provenait de mon propre corps. J'ai senti son cri à travers moi, je l'ai senti raisonner dans tout mon être, dans ma chair, dans ma tête. Le cri d'un animal qui a peur, d'un animal blessé, traqué. Le temps s'est figé dans le Bordel. Je n'entendais que le cri horrible de Sandy en continuité, et les battements de mon cœur qui martelait ma poitrine, en parfaite symbiose avec les hurlements. Toutes les filles étaient dans les autres chambres avec leurs clients respectifs. Je me suis levée d'un bond, le patron et le client fidèle ont fait de même en même temps que moi et nous nous sommes rués dans le corridor, au bout de la nuit. La porte de la chambre n'était pas verrouillée, mais j'ai bien cru que la poignée allait rester accrochée dans ma main tant je l'ai serrée fort au creux de ma paume. J'avais peur de ce que j'allais trouver de l'autre côté de la porte.

Sandy.
Du sang.
Sangdy.

Sandy, en position fœtale, le regard au loin, d'une main se couvrant le visage et de l'autre se tenant les fesses. Le client debout de l'autre côté du lit, encore un peu bandé, nu. Le sang de Sandy qui lui coulait sur les cuisses, sur ses cuisses à lui aussi. L'anus vierge de Sandy qui tout à coup ne l'était plus. Le périnée de Sandy qui n'était plus qu'un triste lambeau de chair déchirée entre son anus et sa chatte. Le cri de Sandy. Son cri de terreur et de douleur qui a empli le Bordel pour ne plus jamais s'en échapper. Le gars fidèle qui ne comprend rien à ce qu'il voit et qui ne peut retenir un haut-le-cœur. Le patron qui sort le gars à coups de pieds au cul. Moi, agenouillée près de Sandy avec une serviette que j'ai mouillée sous la douche et qui essaie d'éponger le sang sans vraiment y toucher. J'ai peur du sang, mais je n'ai pas eu peur du sang de cette fille qu'on venait de déchirer. J'ai eu peur d'être pute, peur de mon métier. Et elle qui me répète qu'elle lui a dit non au moins cent fois, qu'elle ne voulait pas qu'il la sodomise. Il l'a prise par-derrière et il l'a fait quand même, il lui a volé tout ce qui lui restait qui était encore vierge. Tout ce qui lui restait sur lequel elle avait encore ses droits, à propos duquel elle avait encore le droit de dire non. Son cul. Son pauvre cul éclaté. Et elle qui continue de me dire qu'elle aurait du sortir de la chambre au lieu d'avoir si peur, qu'elle aurait dû s'enfuir lorsqu'elle l'a senti lui écarter les fesses pendant qu'il la baisait. Elle s'était dit que la plupart des clients font ça, qu'ils nous écartent les fesses pour mieux nous regarder, pour mieux nous mettre au jour, sous les lumières du plafond. Il est entré d'un seul coup et Sandy est toute petite. Le client avait un très gros pénis, le périnée n'a pas tenu le coup et elle a passé la nuit à l'hôpital. Elle a eu onze points de suture et, aujourd'hui, elle ne peut pas chier sans saigner. Et il ne lui reste absolument rien qu'un homme ne lui aura pas pris.

Le cri.

Journal de Camille

J'AI PEINE À CROIRE *que tu ne m'as pas vue. Je t'idéalise tant que des fois, j'ai l'impression que tu es comme un sorte de dieu qui voit et qui entend tout. Mais je sais bien que tu ne m'as pas vue, sinon tu aurais sans doute ri de moi, oui, tu te serais foutu de ma gueule, comme tu le faisais autrefois lorsque je faisais une bêtise malgré tes avertissements.*

J'ai couché avec lui, tu devais bien t'en douter. Je me suis perdue dans d'autres bras que les tiens. L'espace d'une seconde, cher amour, je crois bien que je n'ai pas pensé à toi et que j'ai réussi à éprouver du plaisir sous ce corps qui m'était étranger peu de temps auparavant. Je n'ai pas fermé les yeux et je les ai plantés dans les siens alors qu'il glissait en moi, qu'il ne faisait qu'un avec moi. J'ai vu ses yeux noisette qui me fixaient ardemment et, la seconde d'après, je me suis rappelé que les tiens n'étaient pas noisette mais bien bleu ciel, et que j'en aimais tendrement chaque millième de millimètre. Je l'entendais soupirer et je crois bien que je soupirais aussi. Je ne sais pas ce qui m'a pris de me laisser posséder ainsi, de m'offrir à lui comme je me suis offerte à toi si affectueusement durant ces années où j'ai partagé ton intimité. J'en avais envie. J'avais envie de lui, m'entends-tu? Me crois-tu? J'avais envie de lui, envie de savoir la grosseur de sa queue. Envie de savoir ce qu'il goûtait, envie de savoir s'il allait me goûter ou si, comme toi, il répugnait cette pratique, que tu considérais comme l'abaissement du genre masculin. Je voulais me souvenir de ce que cela pouvait faire de choisir la personne avec qui l'on passe la nuit. Je voulais me rappeler de ce sentiment de fierté qui nous envahit lorsque l'on couche avec un homme désiré. Je voulais observer ses moindres faits et gestes, mais sans le comparer à toi, cher amour ; je voulais le comparer à moi. Je voulais savoir si je pouvais l'aimer et s'il pouvait me le rendre. Je voulais savoir si j'allais espérer son appel dans les jours qui allaient suivre notre étreinte.

Et tu sais quoi? Je crois que j'ai vraiment souhaité qu'il me téléphone. Je crois que s'il m'avait appelée le lendemain soir, je lui aurais demandé de courir jusque chez moi et je l'aurais attaché pour qu'il ne se sauve jamais. Je l'aurais supplié de ne pas me laisser seule. Je lui aurais fait peur comme toutes les femmes font peur aux amants qu'elles voudraient voir devenir leur copain de façon plus officielle en établissant toutes sortes de règles plus ridicules les unes que les autres.

Mais il ne m'a pas appelée de la semaine, mon cœur, il ne l'a pas fait. Enfin, peut-être que si, mais j'avais éteint mon cellulaire au bout de trois jours parce que je ne voulais pas que de nous deux ce soit moi qui attende son appel. Lorsque, hier, je l'ai enfin remis en fonction, je n'avais pas de message vocal. Je me suis consolée en me disant qu'il avait fort probablement tenté de me joindre mais qu'il s'était heurté à la boîte vocale chaque fois et qu'il avait abandonné. J'ai envie de le revoir parce que ses mains sur ma peau me donnaient quelque chose de nouveau. Quelque chose qui n'était pas de toi et qui n'était pas non plus de tous ces hommes qui me touchent et me fouillent. Il amenait quelque chose d'unique à mon épiderme, au grain de ma peau.

J'ose croire que j'aurai le courage de lui téléphoner de nouveau, sans attendre des mois. J'ose espérer qu'il me dira qu'il veut me revoir et qu'il accourt. J'ose, cher amour. Je te jure que j'ose avec tout ce qui me reste de vivant à l'intérieur.

Journal de **N**aomie

CELA FAIT DÉJÀ QUELQUES SEMAINES que le cri de Sandy s'est évanoui dans la nuit. L'été tire à sa fin, l'atmosphère détendue et les demandes de congé le samedi soir cèdent tranquillement le pas au temps plus frais, qui menace de nous engloutir. Les clients nous désertent. Toujours pareil. Septembre nous tombe dessus juste après août, qui emporte avec lui le présage de temps plus cléments. C'est plus dur d'année en année. Voilà maintenant plusieurs semaines que le cri de Sandy a tout barbouillé dans la tête de Camille et dans la mienne. Je ne sais plus laquelle de nous deux travaille et laquelle se couche en position fœtale dans le lit trop froid de l'appartement payé avec ce corps qui en a trop vu. Camille s'écroule, elle s'accroche à ce qu'elle peut, mais il semble que rien désormais ne peut la retenir. Elle dérape et m'entraîne avec elle. C'est qu'elle va fêter son vingt-cinquième anniversaire dans quelques mois et je crois que ce serait important pour elle de ne plus être ici, de ne plus devenir moi, au moment de cette fête. Elle voudrait être ailleurs. Je crois que ce garçon qu'elle a rencontré il y a quelque temps ne veut pas disparaître de sa mémoire. Oh, mais il y a toujours l'autre qui fait des siennes partout dans son journal intime. Il y a cet infatigable autre qui s'incruste partout et toujours, qui ne disparaît pas, qui résiste à tout, comme le Bordel.

Il y a eu tant d'hommes, tant que je ne saurais dire combien, tant dont je ne me souviens pas du visage, ni même de l'âge ou de la taille du sexe. Des centaines, des milliers, cela va de soi. Aucun d'entre eux pour me sauver. Des tonnes, des kilomètres de clients malpropres et rustres, sans manières, à la mauvaise haleine, au nez rongé par les sillons laissés par l'alcool. Mais que faire de tout ces mauvais souvenirs? Ou doit-on les ranger? Et où conserver la mémoire de ceux qui m'émeuvent? Ceux que j'aurais voulu rencontrer ailleurs?

Le grand amour dans un Bordel, oui, j'y crois, un peu comme dans *Pretty Woman*, un peu comme dans les romans que je ne lis pas mais dont j'entends parler parfois. Le grand amour, franchissant les portes du Bordel, aux limites du réel, aux limites du possible. Un amour vrai qui m'arracherait de la nuit dans laquelle je me meurs en silence. Durant toutes ces années, quelques hommes qui m'ont touchée comme si je n'étais pas une putain, et j'aurais voulu redonner l'argent, mais je ne l'ai pas fait, de peur de faire rire de moi, de ressembler à ces autres putains connes, sentimentales, qui font ce qu'elles font pour les mauvaises raisons. Il y en a au moins quelques-uns, de ces hommes. Celui qui ne vit pas au Québec, qui visite la ville durant quelques jours, et qui revient, nuit après nuit, parce qu'il voudrait tellement lui aussi m'avoir vue ailleurs qu'au Bordel. À celui-là j'aurais menti, le temps d'un week-end, ou même une seule soirée, et je me serais imaginé la vie à New York à son bras. Il est de ces hommes que je n'ai pas réussi à détester et pour qui j'ai même trouvé des excuses afin de justifier dans ma tête leur présence dans un tel endroit. De ces hommes dont j'ai tant espéré le retour mais qui ne sont jamais revenus une fois repartis chez eux. Ces hommes ne m'ont pas sauvée et n'ont été en fait pour moi qu'une autre excuse pour rester là à attendre.

Je pense au grand amour, comme celui qui s'est abattu sur moi, lors de la Saint-Patrick. Celui qui a passé la grande porte sans avertissement et qui m'a offert une bouchée de pizza. Le grand amour, qui avait emprunté les traits d'un Américain en vacances et qui se manifestait dans le regard qu'il a posé sur moi, dans le grand salon. Un amour qui m'a fait pleurer après notre étreinte, parce que trente minutes avaient suffi pour que je veuille m'enfuir avec lui, quitte à tout perdre. Je me serais peut-être retrouvée. L'amour, celui-là même qui me faisait oser l'attendre les week-ends suivants, celui-là même qui m'avait fait écrire mon numéro de cellulaire sur un carton d'allumettes, et qui m'avait poussée à le suivre, après mon quart de travail, à son hôtel du centre-ville. Cet amour-là n'est jamais revenu et dont je n'ai jamais entendu parler par la suite. C'était une passion soudaine, animale, que j'avais laissée parcourir mon corps d'une manière dont on laisse les amants faire, mais jamais les clients.

Le grand amour vous fouette en plein visage, celui dont on ne soupçonne pas l'arrivée, vous surprend, après à peine quelques minutes. Ça change quoi, au fond, de ne pas l'avoir rencontré dans un bar ? D'être tombée sur lui au beau milieu de la nuit, presque nue, maquillée comme les autres putains, sans lui

donner notre vrai nom? Qu'est-ce que ça change
si, après seulement quelques minutes passées à
ses côtés, j'ai le cœur qui chavire, le sang qui bout
dans mes veines, et que j'ai envie de l'embrasser
à pleine bouche, là, ici, tout de suite, dans ce lit
qui a abrité des milliers de fantasmes? Au moins,
ici, les choses sont vraies, crues, sans tambour ni
trompette, sans mensonges, sans stratégies. Ici, au
moins, les choses sont claires, les femmes sont des
salopes et les hommes sont des salauds, chacun
à sa place, chacun à son poste, chacun jouant son
rôle. Ici, au moins, je sais de quoi il est capable ; je
sais, pour l'avoir vu de mes propres yeux, qu'il va
aux putes le samedi soir avec ses amis lorsqu'il a un
peu trop bu. Ici, au moins, il sait que je suis capable
de me prostituer, que j'ai cela à l'intérieur de moi,
que ça ne dort pas, que ce n'est pas là en train
d'attendre la famine, la récession, la ménopause ou
le besoin de baiser. Ici, au moins, les humains sont
ce qu'ils sont : faibles.

Le grand amour dans un Bordel, j'y ai cru
souvent, et je me suis trouvée ridicule de repenser
à ces hommes une fois dans mon appartement,
me suis maudite de souhaiter qu'ils reviennent le
lendemain, ne serait-ce que pour me dire bonsoir,
ne serait-ce que pour s'étendre à mes côtés et ne

rien dire, pour passer la main dans mes cheveux, caresser ma peau avec douceur, me regarder dans les yeux et y voir qui je suis, et en aimer chaque angle. Quelques fois j'y ai cru, sans vraiment y croire. En me répétant que ça ne pouvait pas fonctionner, que j'en voudrais probablement bientôt à un prince charmant comme ça d'être capable d'aller aux putes, et qu'il me détesterait pour en être une, que nous ne pourrions jamais être heureux parce que nous ne serions jamais comme les autres. La vie avec un tel homme ne pourrait être belle, puisque nous ne pourrions pas nous mentir, nous cacher ces parties de nous-mêmes dont nous n'avons pas tout à fait honte, mais dont nous ne sommes pas fiers.

Et puis, vous savez, entre nous, on n'avoue jamais ce genre de chose. On fait les fières, les indépendantes, celles pour qui les clients ne sont en fait que des chiens, même si ça arrive à tout le monde de s'émouvoir, de se laisser aller, trente minutes. Ça nous permet de tenir, de revenir le lendemain et le jour d'après. Nous espérons que cet homme pas comme les autres se lancera à nos pieds, nous suppliera de le suivre loin de tout cela, nous promettra des enfants plein la cour, un mariage en blanc, et qu'il ne nous remettra jamais sous le nez que nous avons été putain, parce que lui ne nous aurait jamais perçue comme telle. Il saurait que nous en sommes capables, mais qu'au fond nous n'en sommes pas une, que nous ne sommes pas faites pour cette vie sordide. Les autres peut-être, mais pas nous.

Le Bordel est partout dans mon corps. Je pousse la grande porte maudite chaque jour comme s'il s'agissait de celle de ma propre demeure, comme si, à l'intérieur, j'allais finir par trouver quelque chose de réconfortant, de beau. Mais les mauvais clients s'accumulent, se multiplient, se passent le mot sur Internet et font la queue devant moi. Le poids de leurs mauvaises manières va finir par me briser le dos et les reins. Je ne les supporte plus. Le patron dit que c'est de ma faute, que c'est moi qui ai fini par devenir aigrie, blasée, complètement vidée par le métier que je fais, et que je vois les défauts de mes clients au lieu de voir leurs qualités.

C'est vrai, je ne vois plus que ceux qui puent. Ceux qui se couchent sur le ventre pour que je leur masse le dos et sur lesquels je trouve les traces d'une malpropreté que je ne comprendrai jamais. Si j'étais un homme, si j'étais un homme qui va aux putes comme on va chez le docteur, je me laverais bien les fesses. Je ferais disparaître toute cette merde qui fait de moi un homme qui ne sait pas comment s'essuyer le cul et je me mettrais un peu de talc, question que l'odeur s'en aille. Lorsqu'une pute va chez le gynécologue, elle se lave la chatte presque au gant de crin tant elle ne veut pas que son métier paraisse de l'extérieur. Lorsque j'ouvre mes jambes devant un inconnu, je veux que la vue de mon sexe exerce sur lui une curiosité, un malaise. Je veux qu'il ne comprenne pas pourquoi mon anatomie est si propre alors qu'elle est en fait si souillée. Je veux que toute mon intimité ne révèle en rien les sévices que je lui fais subir chaque soir au Bordel. Oser m'attendre à la réciproque de la part des clients me paraît aujourd'hui insensé. Je croyais que le patron serait d'accord avec moi, qu'il rirait aux éclats en me demandant si les clients ont vraiment de la merde entre les fesses, et qu'il me demanderait comment j'ai fait pour ne pas leur vomir dessus, moi qui suis tellement dédaigneuse.

Le patron est devenu un ami au fil du temps. Il m'a vue grandir, en quelque sorte, il m'a vue prendre de l'assurance, devenir celle que je suis. Il a exactement le même horaire que moi, du mercredi au dimanche, beau temps mauvais temps. Je m'y suis habituée, il m'a apprivoisée. Je lui parle souvent de mes projets, de mes rêves, et il m'écoute avec ce regard compatissant, sans rire de moi, sans jamais douter de mes capacités. Il en a vu d'autres, le patron. Il a vu l'essor du milieu, la grande expansion du commerce du sexe à Montréal, les débats pour la légalisation, les scandales, le *red light* sur la Main, les maisons de passes, les descentes, les pionnières, l'arrivée des « danses à dix ». Il nous a vues, nous, durant ces nuits où on avait mal au ventre, quand on ne trouvait pas nos chums et qu'on croyait qu'ils nous trompaient. Il nous a vues nous battre pour un rien, rire pour un rien, s'en faire pour un rien. Il nous a convaincues d'aller consulter, il a tout fait pour que nous retournions à l'école. Puis j'ai bien vu qu'il lâchait prise peu à peu, qu'il semblait découragé, qu'il ne comprenait pas pourquoi je ne quittais pas le Bordel. Lui qui a tout fait pour me donner les outils nécessaires afin que je fasse autre chose, que je me trouve un autre emploi, que je refasse ma vie loin d'ici. Je suis devenue une statistique, bien malgré moi. Une putain qui travaille dans une maison de passe et qui ne sait plus du tout pourquoi. Plus les jours passent, plus j'y vais à reculons, sans entrain. Malgré ce patron qui a toujours écouté mes jérémiades avec le sourire, sans broncher.

Mais pas maintenant, non, mon patron chéri n'entend pas à rire. Il me trouve accablante, encombrante, gênante depuis quelque temps et ne se gêne pas pour me le faire savoir. Il paraît que j'ai la mèche de plus en plus courte et que des clients s'en sont plaints. Au début, je croyais à la blague, puisque personne ne se plaint de Naomie, sauf bien sûr un client complètement bourré qui profère des âneries de temps à autre, et alors tout le monde fait fi de ses protestations. Mais pas cette fois. Des clients réguliers confient au patron que je suis d'une humeur tout à fait exécrable. Des hommes qui me touchent chaque semaine depuis des mois, voire des années, sont inquiets, en parlent aux autres filles, au patron, aux réceptionnistes. Pourquoi ne sourit-elle plus? Pourquoi est-ce que la flamboyante Naomie ne se teint plus les cheveux en noir et laisse ses cheveux brun roux repousser sous sa crinière de jais? Pourquoi ne se maquille-t-elle presque plus? Pourquoi est-elle si pâle, si grise? Et lorsque le patron me le demande personnellement, je ne sais pas du tout quoi lui répondre. Qu'il y a des kilomètres de bites coincées dans ma gorge et que ça m'empêche de sourire bêtement à la ronde? Qu'il y a des milliers d'hommes qui me sont passés dessus et que je ne me rappelle plus la dernière fois que je me suis masturbée tant j'ai peur de me toucher et de penser à eux? Que je ne peux pas rencontrer un garçon sans avoir peur de le casser en deux en lui avouant ma tête pleine de clients et mon corps plein de « services complets » ? Que chaque fois qu'un homme me paie pour me toucher et qu'il s'exécute sans préambule, je le hais si fort que j'ai envie de hurler ? Que le cri de Sandy m'a rappelé que j'étais pute et que je n'avais pas le droit de hurler, même si on me mettait l'anus en charpie ? Que j'ai eu plus de partenaires sexuels dans les cinq dernières années que Don Juan de Marco en a eu durant toute sa vie et que, malgré tout, moins d'une dizaine d'entre eux ont réussi à me faire jouir ? Je ne sais pas quoi lui répondre, je ne sais même pas quoi me répondre à moi-même. J'en ai assez de Montréal. J'ai envie de m'exiler là où personne ne risque de me reconnaître dans la rue. Je sens ma ville s'enfuir au loin, je sens ma belle et grande ville plier sous le poids des touristes trop soûls. Je ne veux plus être Montréal, je ne veux plus être une ville là où tant de personnes posent le pied et boivent et dansent et rient avant de passer le pont. Je ne veux pas être entourée d'eau et de ponts que tout ce que j'aime peut emprunter pour s'enfuir. Je ne veux pas être dépouillée de tous mes arbres et de tous mes parcs. Je ne veux pas être celle que l'on visite pour s'amuser mais dans laquelle on n'habitera jamais, parce qu'on lui préfère les régions plus éloignées, plus calmes, plus paisibles. Je ne veux plus être Montréal, ma belle et fière Montréal. Je ne veux même pas être un village. Je veux être un lot de terre que personne n'a encore osé piétiner. Je veux être un lopin de terre qui pourra abriter une famille entière mais où aucun touriste américain n'aurait envie d'aller. Je veux être la terre accueillante d'une famille qui habitera là parce qu'elle veut y être et parce que je lui appartiens. Je veux être la terre Camille.

Journal de Camille

ÇA VA FAIRE CINQ ANS *que tu m'as quittée. En fait, non, ça va faire cinq ans que je t'ai laissé partir, que je t'ai laissé t'en aller sans essayer de te retenir, que je t'ai laissé me quitter sans rien dire tant j'avais honte. Cinq ans bientôt que j'aurais dû me confondre en excuses, mais que je ne l'ai pas fait. Cinq merveilleuses années déjà que je ne vis que pour me souvenir de l'anniversaire de notre rupture, que j'ai provoquée, je te le concède, cher trésor, en créant Naomie. Je ne sais pas où tu es, je ne sais pas avec qui tu dors le soir, mais je sais que tu as toujours cette voiture que tu aimais tant, que tu n'as pas osé prendre un appartement avec une autre que moi parce que tu as probablement compris les risques que tu courais en laissant une fille partager ta salle de bains. Je ne sais pas où tu travailles, je ne sais pas quels bars tu aimes fréquenter, mais je sais que ta dernière copine t'a quitté après seulement quelques mois parce qu'elle te croyait fou d'être aussi jaloux et paranoïaque.*

Et je sais que tu me détestes toujours autant. Je le sais, mon amour, parce que l'autre jour j'ai vu ta voiture garée au centre-ville et que je n'ai pas pu résister à la tentation de t'écrire un mot et de le laisser sur le pare-brise. Mon malheureux amour blotti sous l'essuie-glace. Ma pauvre main tremblait tant pour t'écrire un petit mot de rien du tout, qui ne disait rien sinon que je t'aimais par-dessus tout et que je te voyais encore en rêves... Je me suis planquée derrière les autres voitures qui se trouvaient tout près et j'ai attendu. Puis, je t'ai vu de loin le déchirer comme tu m'as déchiré le cœur et le jeter sur la chaussée comme tu l'as fait de moi. Je n'espérais pas que tu t'y accroches comme la misère aux pauvres gens, mais je ne croyais pas qu'il te restait assez de rage pour déchirer ces précieux mots que j'avais écrits avec amour. Je me souviens de ton visage lorsque tu as pris le bout de papier entre tes belles grandes mains, ce visage qui s'était déjà contorsionné avant même de déplier le message, comme si tu avais tout de suite su, rien qu'à la façon soignée dont le papier était plié en deux, que cette note était de moi. Comme si tout ton corps savait que je ne devais pas être bien loin. Je t'ai vu regarder partout et nulle part à la fois, comme

*si tu me cherchais mais ne voulais pas me trouver.
Et puis je t'ai vu devenir raide comme une barre de
fer à la vue de cette déclaration idiote. Comme si je
ne te proclamais pas mon amour mais bien que je le
profanais en te traquant jusqu'à cette voiture que tu
aimes tant et que j'ai toujours haïe.*

*Ça m'a fait un choc terrible, de te voir ainsi après
toutes ces années, de te voir me détester autant. Je
t'ai enfin revu. J'ai vu la haine dont tout le monde
m'avait prévenue. J'ai vu passer dans ton corps l'effet
d'une haine justifiée mais sans borne. Je t'ai vu et
j'y ai cru. J'ai attendu toutes ces années pour croire
que tu me détestais, parce que je voulais l'apprendre
de toi, qui as toujours été pour moi le seul détenteur
de vérité. Une sorte de dieu. Mon dieu à moi. Et pour
la première fois depuis que tu as su que Naomie
existait, je t'ai vu me haïr à nouveau. Une haine
neuve. Je ne t'en croyais pas capable mais, ce jour-là,
j'ai vraiment su que rien n'était resté de ton amour, à
part moi. Je ne sais pas si je t'aime ou si je veux que
tu me pardonnes. Ton pardon serait pour moi une
sorte de planche de salut, il me permettrait de tout
arrêter. Je n'ai aucune raison de changer, sans ton
pardon. Si tu m'avais dit que tu ne m'en voulais plus,
je n'aurais pas remis les pieds au Bordel.*

Mais maintenant, il ne me reste plus rien de toi, surtout pas l'espoir de te voir poser la dernière pierre à mon mur. Je suis Montréal, tu es la rive sud. Aujourd'hui, je comprends enfin que, tous les ponts, les tunnels, les bateaux dont nous disposons, c'est bien moi qui dois les emprunter.

Je n'ai jamais eu le courage de traverser.

Journal de Naomie

ENCORE UN RENDEZ-VOUS CHEZ LE PSY. Il commence à sérieusement m'énerver avec toutes ses questions, même si je sais que je dois absolument m'étendre le corps et épancher le reste sur son canapé pour faire le point chaque semaine. Mais n'empêche, il me donne du fil à retordre, ce psy. Il croit que je suis en train de me taper une dépression et que j'ai des tendances suicidaires. Non mais pour qui il se prend, lui, au juste? Si j'avais les couilles de me tuer, je l'aurais fait il y a très longtemps, alors que je croyais encore qu'il y avait quelque chose de réconfortant dans le fait d'être prise en pitié. Mais ce cher psy essaie de me faire croire que le métier va finir par me tuer. Il a tout faux. C'est moi qui vais tuer le métier, à mains nues, à seins nus s'il le faut absolument, mais je vais l'achever, je vous jure que je vais l'achever.

Lorsque j'ai débuté dans le métier, le commerce était florissant. Les filles qui y travaillaient déjà et que je rencontrais dans les diverses agences où j'ai travaillé me disaient toutes pourtant que la *business* n'avait jamais été aussi mauvaise. Je ne comprenais pas du tout de quoi elles voulaient parler, ces pies. Je me disais qu'elles étaient simplement devenues trop vielles et qu'elles perdaient maintenant beaucoup de clients aux mains de jeunes louves comme moi. Je les écoutais me dire que dix ans auparavant, il n'y avait qu'une douzaine d'agences d'escortes à Montréal. Bien sûr, il y avait aussi les indépendantes, celles qui gèrent tout elles-mêmes, qui décident si elles reçoivent ou se déplacent. Bien sûr, il y avait aussi les masseuses et les putes de rues, mais la clientèle n'est pas la même. Grosse différence. Il y a ceux qui se louent une chambre d'hôtel ou qui reçoivent les prostituées chez eux, ceux qui se paient une branlette après un massage, ceux qui baisent ces filles qui attendent toute la journée, un peu comme au Bordel, à la différence qu'elles attendent seules dans des appartements qui sentent la cigarette et le sperme, ceux qui se paient des danses contact et qui se font sucer dans un isoloir le temps de trois chansons, et ceux qui se paient une fille de rue et font ça la plupart du temps dans leur voiture. Je les écoutais me dire que, dix ans auparavant, elles faisaient cinq fois le salaire qu'elles faisaient maintenant (à ce moment-là elles faisaient encore entre mille et deux mille par semaine, les vieilles pies). Je ne les croyais pas. Même le patron du Bordel me le répète maintenant chaque semaine : ce sont les filles de plus en plus nombreuses à ouvrir des agences et des salons de massage qui font baisser les prix. Ce sont aussi celles qui donnent de plus en plus et acceptent de recevoir de moins en moins qui ont fait en sorte que, maintenant, pour un service régulier d'une demi-heure, tous frais inclus, le client tourne les talons si on lui annonce qu'il devra débourser plus de cent dollars. Lorsque j'ai débuté dans le métier, je veux dire lorsque j'ai vraiment débuté, lorsqu'on a commencé à m'appeler Naomie, lorsque j'ai eu un horaire régulier, une chambre attitrée, des amies putes, des clients réguliers, je ne travaillais que trois jours par semaine et je faisais facilement mille cinq cent dollars. Trois jours durant lesquels je ne travaillais que de neuf heures le matin à cinq heures le soir, comme un individu moyen.

Aujourd'hui devant mon psy chéri, je suis là à m'égosiller sur le fait qu'il me faut travailler deux fois plus pour arriver à faire deux mille dollars par semaine. Je lui chiale dans les oreilles que je sais que ce n'est pas seulement à moi que c'est en train d'arriver, que c'est la faute des Américains et de leur foutu taux de change, la faute du réchauffement de la planète qui ruine nos saisons et rend la planification de voyages au Canada ardue, la faute des filles qui travaillent pour des agences qui demandent 90 $ pour une heure et demie de service illimité. La faute en revient à tous et à chacun. Je suis là à me plaindre que la Terre tourne trop vite et que je ne peux pas m'en sortir parce que tout va trop vite. Je suis là à confesser mes craintes de pute perdue qui ne sais plus pourquoi je travaille encore toute la nuit dans un Bordel qui ne m'inspire plus aucune passion, aucune idée de légalisation, aucune rage féministe, aucun désir de séduction, aucune joie.

Je n'aime pas du tout la manière qu'il a de me regarder comme on regarde les gens qui ont déjà réponse à leurs propres questions mais qui refusent de s'ouvrir les yeux. Je répands mes tripes sur son canapé qui fait mal au cul et il ne dit rien. J'ai l'impression qu'au moins avant on échangeait, mais maintenant, pour je sais trop quelle raison, je parle toute seule et il est là à me fixer avec son regard paternaliste à la con. Il dit que je suis paranoïaque, que je sais pertinemment qu'il ne dit rien parce qu'il n'a rien à ajouter et non pas parce qu'il se fout de ma gueule. Il me rappelle que, l'année dernière, j'ai cessé de le consulter parce que selon lui je ne me retrouvais là chaque semaine uniquement pour me donner bonne conscience et faire comme si je prenais soin de moi. Il me rappelle que je suis la seule artisane de mon malheur et que je devrais peut-être sérieusement songer à reprendre mes études ou me dénicher un emploi normal, comme les jeunes femmes de mon âge. Je me mets à le haïr encore plus. Tout à coup, je trouve qu'il ressemble à un client, qu'il est en fait comme les autres. Je ne devrais même pas être ici à lui ouvrir ma boîte de Pandore directement sur les genoux. Je donne des armes à un homme et je sens qu'il va bientôt insister pour que je prenne des médicaments.

Mais qu'est-ce que je fous ici, au juste? Qu'est-ce que je fais dans ce bureau décoré comme dans les magazines? Je me cherche des excuses pour justifier mon emploi? Je veux lui parler de quoi, exactement? Il me dit souvent que ça l'amuse de m'entendre lui parler de Camille à la troisième personne, par choix, sans que je sois schizophrène ou quelque chose du genre. Il sait que, lorsque je m'assois dans son bureau, c'est Naomie qui se fait soigner, c'est la putain qui veut parler et comprendre pourquoi elle a été créée, pourquoi elle est ce qu'elle est. Mais je commence à comprendre où il veut en venir. Il veut que ce soit Camille qui parle, qui se laisse aller, qui fasse autre chose que de raconter son passé sur un ton las et monocorde, pour ensuite disparaître et laisser la place à l'autre. Je sais bien que Camille n'est pas folle, qu'elle a toute sa tête. Je sais bien qu'elle m'a créée pour pouvoir se déculpabiliser, parce qu'être une prostituée, c'est une chose, mais être une prostituée sans vraiment savoir pourquoi en est une autre. L'argent, toujours l'argent, me direz-vous? Sûrement, oui, ça ne peut être que cela. Mais lorsqu'on est allé au bout de l'argent qu'on peut faire avec son cul, avec sa chatte, lorsque cela fait cinq ans qu'on gagne plus de soixante-dix mille dollars par année, et qu'au bout du compte nos économies ne totalisent pas plus de dix mille, il est où, le problème? Dépenser toujours plus en futilités: taxis, maquillage, vêtements, électroménagers si sophistiqués qu'ils vous disent bonjour le matin... Dépenser toujours plus, question d'avoir une raison de continuer à travailler, d'avoir besoin d'économiser de l'argent pour pouvoir ensuite le dépenser à nouveau. Voilà le problème. C'est de la folie, monsieur le diplômé, de la folie à l'état pur. Pas le genre de folie qui se trouve dans ces bouteilles brunes qui servent à devenir euphorique, pas non plus cette folie qui nous habite après une ligne de *coke* ou un joint,

146

non. La folie dont je vous parle, elle s'agite contre ces doux billets, elle miaule, elle câline, elle se soumet au maître, elle en veut toujours plus.

Aujourd'hui, je suis là. Aujourd'hui, j'en suis là, à ne plus savoir laquelle de nous deux va travailler et laquelle s'endort en position fœtale. Je ne sais pas ce qui se bouscule dans mes tripes. Les cri de Sandy, la mort de Kim, l'hépatite de Jade, la merde au cul de Pierre, la bite toute rouge de Jean qui veut absolument me défoncer par tous les moyens qui existent, la sueur de Jack qui me coule sur les omoplates et qui me donne envie de gerber, les seins de Tania que je dois sucer parce que le client paie pour me voir le faire, le cul de Jasmine que je regarde se faire gifler parce que ça excite Michel, la porte du Bordel, la foutue porte du Bordel, la grande porte brune en bois massif...

Je n'en peux plus, monsieur le psy, je veux tuer mon métier, l'affaiblir à l'intérieur de moi, vous comprenez? Je veux l'anéantir, cette saloperie de Bordel, le réduire à néant pour qu'il n'ait pas le dessus sur moi. Je ne veux plus que toute cette merde m'atteigne, je ne veux pas me retirer parce que le métier a fini par avoir ma peau, comme tous ces hommes qui me hanteront pour toujours. Je veux partir, accrocher mes talons aiguilles, avec un sourire qui me sciera le visage en deux et qui sera franc et sincère. Je veux brûler dans la joie mes dessous affriolants et mes photos prises pour Internet, et ne plus jamais regarder derrière moi. Je ne peux pas m'arrêter maintenant, je ne peux pas m'arrêter avant d'avoir été au bout de ma quête. Je ne sais pas comment sortir du Bordel, monsieur le diplômé, comprenez-vous? Je ne sais pas comment sortir de là.

[FLASH-BACK]

Je vais bientôt avoir dix-neuf ans. C'est ma première journée de travail dans une agence d'escortes. Je ne me souviens plus du tout comment on fait. La réceptionniste m'assure que je vais faire beaucoup d'argent parce que je suis toute petite et que je suis une débutante. Les clients aiment les débutantes par-dessus tout, parce qu'elles sont comme les vierges de la prostitution, et elles ne le resteront pas longtemps. Je suis comme une rose rouge au milieu des pissenlits. Pas encore fanée, pas encore jaunie par le soleil, pas encore pourrie par l'automne, pas encore piétinée par une cohorte

d'inconnus. Je suis une enfant. Ils m'ont baptisée
Sofia. Je déteste ce prénom et je répète que le nom
que j'ai choisi est Naomie, mais personne ne veut
rien entendre de ce qui sort de ma bouche. Naomie,
ça fait trop panthère noire, trop entreprenante.
Sofia, c'est plus doux, plus invitant pour ceux qui
veulent faire partie des premiers à avoir la chance
de me salir. Je m'en fous, finalement. Tout ce que je
veux, c'est arrêter d'avoir mal au cœur tant je suis
stressée. Je n'ai presque pas fermé l'œil de la nuit,
je comptais dans ma tête les billets que je n'avais
pas encore et je me faisais plein de promesses. Je
n'en ai parlé à personne, pas même à mon copain.
Je ne sais pas comment il aurait réagi. Il m'aurait
sûrement quittée simplement pour avoir eu l'idée
d'aller me vendre à des hommes que je ne connais
pas pour ensuite revenir au bercail et dormir dans
ses bras familiers. Je n'en ai soufflé mot à personne.
J'ai quitté mon emploi il y a deux jours et j'ai fait
en sorte de pouvoir travailler sensiblement aux
mêmes heures qu'avant, pour que personne ne se
doute de quoi que se soit. De toute façon, tout le
monde s'en branle, de l'heure à laquelle je rentre et
de celle à laquelle je sors.

J'ai peur. J'ai la nausée. Je voulais me la jouer *cool*,
dire aux clients que je fais ça depuis des mois, mais

je n'en aurai pas l'occasion puisque mes employeurs profitent du fait que je suis une débutante dans le domaine pour me vendre plus facilement et ainsi faire gonfler leur profit. J'ai peur de connaître le client, peur que quelqu'un me reconnaisse dans la rue, en route vers l'hôtel. À l'époque, je ne connais pas encore très bien Montréal, et ce n'est que des années plus tard, m'étant familiarisée avec le milieu, que j'apprendrai que cet hôtel est reconnu pour ses putes, ses *pimps* et ses réunions de gangs de rues. Tout ce que je sais, c'est que c'est surtout très sale. Je sursaute à la vue de cette chambre répugnante. Je retire le couvre-lit parce que tout le monde sait que personne ne les lave et installe mes effets personnels dans les tiroirs pleins de miettes. Je fais les cent pas dans la chambre. Je fume des cigarettes à la chaîne, assise sur le bout du lit, n'ayant pour seul habit qu'un déshabillé bon marché, écoutant les films XXX qui passent en boucle à la télévision, avec pour musique de fond le bruit des autres filles qui travaillent au même étage que moi se faisant baiser par des clients.

Le téléphone sonne, un client est en route. Il s'appelle John et c'est un régulier. C'est fou ce que j'ai peur. Il frappe deux coups discrets à la porte et j'hésite un instant. Je me dis que je peux encore reculer, que si j'ouvre la porte, ce sera trop tard, un autre univers s'offrira à moi et je ne pourrai jamais plus faire marche arrière. J'ouvre néanmoins la porte en tremblant et j'invite John à entrer. Il est dans la quarantaine avancée, il est grand, pas athlétique du tout, il a les cheveux courts et blonds et des yeux bleus très perçants. Il a l'air gentil, mais il est ici parce que je suis une débutante. Il me dit que je suis très jolie et, curieusement, ça me dégoûte un peu. Alors il me donne les billets, que je compte et recompte encore ; je me dis que c'est facile, qu'il ne me reste plus qu'à m'étendre, qu'à faire semblant que j'adore me faire baiser par lui et qu'il est le premier à me faire jouir aussi fort.

Je n'ai pas le temps de faire semblant. Ça ne dure que quelques secondes. Il s'est retiré, a déposé un billet de vingt dollars en guise de pourboire sur le coin du lit, s'est enfermé dans les toilettes quelques minutes puis en est ressorti tout habillé, avant de quitter sans même me dire au revoir. Je me suis félicitée tout bas d'avoir réussi à ne pas craquer, d'avoir couché avec un homme pour une poignée de billets. Ce jour-là, j'ai eu neuf clients en cinq heures, et je suis rentrée chez moi avec une douleur aiguë à la chatte et la honte de ne pas avoir eu le temps de prendre une douche : la fille qui travaillait le soir est arrivée en même temps que son client régulier et il a fallu que je me sauve en douce.

Je me souviens de ces deux premiers mois où l'on m'appelait Sofia. Le reste de mon histoire est bien facile à deviner. Je me suis trouvé un job au centre-ville, au Bordel, parce que l'autre agence était à l'autre bout du monde, et je me suis fait appeler Naomie. Sofia la débutante était morte et enterrée. J'ai créé Naomie et je vis avec elle depuis ce temps.

Lorsque je me suis fait baptiser Sofia par la femme de l'agence, j'avais presque dix-neuf ans. Maintenant j'en ai presque vingt-cinq. Toute ma vie de jeune adulte s'est passée dans un bordel.

Journal de *Camille*

CECI SERA LA DERNIÈRE LETTRE *que je t'écris, mon amour. Maintenant que je sais que Naomie et moi ne faisons qu'un, maintenant que j'ai enfin compris que ce n'était pas elle que tu cherchais à fuir mais bien moi, je ne peux plus t'écrire. Je n'ai jamais eu le verbe aussi facile que depuis que tu m'as quittée. Je ne pourrai pas survivre à une autre année si je la passe encore à t'écrire ces lettres que je ne t'envoie pas. J'ai compris que, pour me faire pardonner, il m'aurait fallu d'abord te demander pardon. Il m'aurait fallu te pourchasser bien plus ardemment. Ce n'était pas de ta faute, bel amour, cela n'a jamais été de ta faute. C'est moi qui ai tout faux, c'est moi qui croyais que je ne pourrais jamais cesser de t'écrire ces lettres, que je ne pourrais jamais empêcher mon cœur de battre pour toi. Je t'ai cherché partout. J'ai cherché à te reconnaître des centaines de fois à travers ces hommes venus au Bordel par la grande porte pour acheter un morceau de moi. J'ai compris que ce* n'était pas toi que je cherchais, puisque je cherchais déjà avant de te rencontrer. Cela ne m'a pas suffi de te connaître et de me reconnaître en toi, puisque je suis repartie à la chasse dès que tu as eu le dos tourné. C'était moi que je cherchais en toi, c'était moi que je cherchais en ces hommes que je ne connaissais pas et en ces filles que je n'aimais pas. C'était moi que je cherchais, m'entends-tu ? Comprends-tu ce que je te dis ?

Cher trésor, je n'irai jamais plus m'étendre sur ce canapé pour laisser Naomie parler à ma place, pour me faire croire que c'est elle qui parle à ma place. Je ne berne personne. Ç'a beau l'amuser, monsieur le psy, il sait très bien que le fait de me donner un autre nom m'empêche simplement de hurler, et que c'est la seule et unique raison pour laquelle je le fais. Je n'irai plus jamais lui raconter pourquoi je crois que je suis devenue une putain, pourquoi je crois que tu aurais fait une bien meilleure putain que moi. Je ne veux plus jamais être la cliente de quelqu'un. Je ne veux plus jamais m'étendre après avoir payé. Je n'irai plus chercher à comprendre pourquoi je ne peux me résoudre à partir.

Je suis parfaite, mon amour, lorsque je deviens Naomie. Je me maquille, je me déshabille, je suce

comme si ma vie en dépendait, les clients bandent
tous devant ce cul si rond et si beau qui a partagé ton
lit durant toutes ces années où Naomie se cachait
dans mon portefeuille. Lorsque tu es parti, je croyais
que j'allais mourir. Je croyais dur comme fer que
l'amour que j'éprouvais pour toi et que je ne pouvais
plus te donner allait me submerger complètement et
me faire perdre la tête jusqu'à ce que j'en crève. Et je
m'en suis tant voulu durant ces années passées à ne
songer qu'au mal que ça t'a fait de te rendre compte
que tu étais amoureux d'une femme qui baisait des
dizaines d'hommes chaque semaine. Je m'en suis
tant voulu d'avoir osé faire la pute pour vrai. Pas
comme ces autres femmes qui jouent à amadouer
pour un loyer moins élevé, pour un rabais sur une
voiture, pour une promotion, pour des faveurs de
toutes sortes sans jamais admettre qu'elles sont un
peu putain elles aussi. Je m'en suis voulu d'avoir
osé me créer un alter ego d'une féminité qui ne me
ressemble en rien, et d'une personnalité suave et
hyper sexuée. Je m'en veux toujours pour ce que je
t'ai fait subir mais, aujourd'hui, je m'en veux aussi
pour ces souvenirs dégueulasses qui me brûlent
l'esprit. Je me hais tant de ne pas avoir su remarquer
la différence entre le corps et l'âme, et d'avoir laissé
des gens me prendre des morceaux de celle-ci sans
me battre. Je me hais tant de m'être laissé violer, de

ne pas avoir eu le courage de sortir de la chambre plutôt que de lutter pour refouler mes larmes. Je me hais de ne pas avoir su être une jeune fille dans la vingtaine qui s'amuse et qui sourit. Je ne souriais qu'au travers de mes larmes et de mes regrets, mon amour, je ne souriais qu'au travers du souvenir de toi que je n'ai pas pu sortir des archives. Je me suis tant haïe que, aujourd'hui, je n'ai plus le courage de le faire. Je n'ai plus la force d'être autre chose qu'une extension de moi-même, qui baise et qui suce et qui encaisse.

Ceci sera la dernière démonstration de mon amour pour toi. Je vais tout brûler, cette fois, je vais foutre le feu aux photos, aux lettres, aux souvenirs, à tout ce que j'ai conservé qui a survécu à notre vie à deux. Je vais le faire comme on dit adieu sans se retourner. Je vais tout mettre dans une boîte et je vais la regarder s'envoler en fumée. Ne m'en veuille pas plus que tu ne m'en veux déjà, cher amour, tu ne sauras jamais rien de tout cela. Je ne vais plus jamais passer devant la maison familiale en espérant t'en voir sortir. Je ne vais plus passer des heures sur Internet à essayer de traquer ta nouvelle adresse de courriel dans le seul et unique but de t'envoyer un message que tu jetteras à la corbeille de toute façon. Je ne téléphonerai jamais plus chez toi au milieu de la nuit

à partir du téléphone public qui se trouve à quelques
rues de chez tes parents, qui me détestent aussi, bien
entendu. Je ne fouinerai plus jamais dans la liste de
contacts des cellulaires des quelques amis que nous
avons en commun en espérant trouver ton nom sans
qu'ils se rendent comptent de ce que je cherche. Je
ne t'enverrai plus de lettres que tu me retourneras,
sans même les avoir ouvertes, et qui m'arracheront
tout de même un sourire parce que tu y auras ajouté
mon adresse de ton écriture de garçon. Jamais plus,
cher amour, jamais plus.

Il y aura des centaines de nuits à venir où je ne
trouverai pas le sommeil et où je pleurerai doucement
ta disparition. Il y aura probablement des enfants qui
feront partie de ma vie et qui ne te ressembleront pas,
mais je les trouverai beaux comme toutes les mères
trouvent leurs enfants beaux et j'espère ne jamais me
surprendre à souhaiter qu'ils soient de toi. Il y aura
sûrement un homme que j'aimerai profondément et
qui ne saura jamais rien de tout ce que tu sais, qui
saura me toucher mieux que toi, ou au moins aussi
bien que toi, et qui me fera jouir de ses doigts.

Il y aura un autre que toi, cher amour disparu, il y
aura un autre. Mais je ne vais jamais aimer quelqu'un
comme je t'ai aimé et je porterai dans mon cœur

pour toujours le secret qui fait de toi l'homme qui m'a quittée, l'homme qui m'a quittée chaque seconde pendant presque cinq ans.

Journal de Naomie

JE NE RETOURNERAI PLUS CHEZ LE PSY. Je ne veux plus m'étendre. Je crois qu'il a compris, que j'ai compris, et maintenant je sais qu'il savait depuis tout ce temps. Il a su tout de suite pourquoi j'étais là, à mi-chemin entre mes faux cils et mes talons hauts, et mon visage nu et mes espadrilles sales. Il savait que je me cherchais au-delà des miroirs devant lesquels je me pavanais mais dans lesquels je ne me suis jamais reconnue.

Je n'ai pas honte de savoir que le métier m'a eue avant que je ne puisse déclarer victoire. Il ne peut y avoir de gagnant si je suis la seule à me battre, si je suis la seule à perdre des plumes au combat. Je n'ai pas honte de tout ce que je fais, pas honte des femmes qui après moi vont défiler aux bordels, de Montréal comme d'ailleurs. Je ne suis pas fière de ce que j'ai fait mais je suis fière de ces filles qui arpentent les trottoirs dangereux du centre-ville comme s'il leur appartenait, beau temps mauvais temps, perdues dans leurs quêtes, perdues dans leurs têtes. Je ne sais pas ce que je ressens ni ce que je vais faire, je suis perdue, je suis mes chaînes, je suis le maillon faible dans ma propre chaîne. Je veux être la terre, je veux être ma terre, sans chaînes ni maillons, sans fards ni talons.

Je n'ai plus la force de me battre, ni le courage de travailler au Bordel et de l'accepter pleinement. Le cri de Sandy a réussi à lui seul à installer le doute, comme si, en criant, elle m'avait réveillée, comme si c'était mon propre cri qui sortait de ses tripes à elle, comme si, ce soir-là, ç'aurait dû être moi que le client choisisse, ç'aurait dû être à moi de pousser ce cri de douleur. Il aurait fallu que ça soit moi, qui se torde sur le lit, les cuisses tachées par mon propre sang, les yeux pleins d'eau mais la gorge enfin soulagée de ce cri qui l'habitait depuis trop longtemps. Je n'ai plus la patience de m'entendre me plaindre, de m'écouter râler à qui veut l'entendre que ce n'est pas normal d'être une putain, qu'il faut faire autre chose, qu'il faut comprendre et partir. J'aurais pu le faire des milliers de fois, j'aurais pu ouvrir le journal et scruter les petites annonces mais je ne l'ai pas fait. Je crois que j'avais honte. Honte d'avoir peur de m'ennuyer de ces murs où je suis devenue une femme. Honte d'avoir peur d'être oubliée, par ces clients que j'ai haïs mais de qui j'ai tellement appris. J'ai peur d'être oubliée. Peur de me rendre compte que je ne comptais pas du tout pour ces filles à qui je n'ai souhaité que du bon et de la paix, tout compte fait. Les clients ont défilé sous mes yeux à une vitesse folle et en un nombre effarant, tous ayant quelque chose à m'offrir, tous ayant quelque chose à me prendre. Je ne pensais pas qu'en meublant ma vie d'étrangers il me serait difficile de garder des gens auprès de moi. Je ne pensais pas qu'en me confiant si vite à des gens dont j'ignore le vrai prénom il me deviendrait impossible de m'ouvrir à ceux qui me connaissent depuis que je suis née. En devenant Naomie, j'ai enfin pu me trouver belle, mais j'étais à des années-lumière de me douter de l'influence que ç'aurait sur moi, lorsque je me regarderais dans le miroir, dénudée de tout fard.

Ces mêmes nuits où j'ai offert mon corps en appât à ces hommes qui venaient combler un manque dans leurs vies, j'offrais en fait bien plus que ça. Je m'offrais, moi, tout entière, j'offrais ma vie, j'offrais mes rêves et mes idées. Il m'aurait fallu chercher à comprendre, creuser plus loin encore pour me découvrir, pour voir que je pouvais être belle, que je pouvais être aimée, que je pouvais me confier, sans changer de prénom.

C'est au Bordel que j'ai compris. C'est en allant travailler quelques jours après avoir vu mon psy que j'ai compris comment faire pour sortir du Bordel. Un samedi soir qui s'annonçait pourtant des plus prometteurs vu la tenue d'un match de hockey au centre Bell, à quelques pas de là. J'ai compris en regardant la grosse porte de bois massif qui me fixait en retour. J'ai compris comment faire pour me sortir de là. « Il me suffit de ne pas y entrer. Il me suffit de ne pas ouvrir la porte derrière laquelle se trouve John, dans cet hôtel miteux, il me suffit de ne pas aller dans ce bar à Saint-Jean-sur-le-Richelieu, il me suffit de ne pas accepter que l'on m'appelle par un autre prénom que celui que mes parents ont choisi pour moi. Il me suffit de défier la porte. Il me suffit de ne pas la pousser. »

Je ne sais pas si j'étais pute avant de l'être vraiment. Je sais que je suis parfaitement capable de l'être, mais peut-on vraiment être faite pour ça? Je ne sais pas si je vais y retourner un jour. Je ne sais pas si je vais redevenir Montréal ou si ma terre me suffira, peu importe, je sais comment me sortir de là, je ne dois pas entrer.

Je ne dois pas entrer.
Je ne dois pas entrer.
Je ne dois pas entrer.
Je
Ne
Dois
Pas
Entrer

Marquis imprimeur inc.

Québec, Canada
2008